사회적기업 ☆ 협동조합의
생생한 마케팅 사례

정리수납
오쿱 Ocoop
마/케/팅

사회적기업 ※ 협동조합의
생생한 마케팅 사례
정리수납
오쿱 Ocoop
마/케/팅

1판 1쇄 2018년 4월 18일
1판 2쇄 2020년 8월 25일

지은이 김현민, 김민주, 김연희, 조이남, 김남희
펴낸이 김기호

펴낸곳 한가람서원
출판등록 제 2-1863호
주소 서울특별시 마른내로 72, 504호
전화 02-336-5695 | 팩스 02-336-5629
전자우편 bookmake@naver.com

ISBN 978-89-90356-42-0 13060

- 이 책은 저작권자의 지적재산으로서 무단전재와 무단복제를 금합니다.
- 값은 뒤표지에 있습니다.

사회적기업 ☆ 협동조합의
생생한 마케팅 사례

정리수납
오쿱 Ocoop
마/케/팅

김현민, 김민주, 김연희, 조이남, 김남희 지음

한가람서원

머리말

　우리나라의 국민소득이 곧 3만 달러를 넘어설 것이라고 합니다. 우리들의 부모님들과 형제자매들이 불철주야 노력하여 이룩한 경제 발전의 결과일 것입니다. 경제 발전에 따른 물질적 풍요와 함께 우리들의 주변에는 많은 물건들로 넘쳐나고 있습니다. 일이 너무 바쁘다는 핑계로, 추억을 담고 있다는 이유로, 미래의 위험에 대비한다는 등의 이유로 물건들을 이곳저곳에 쌓아두고 있습니다. 더 나아가 물건들을 병적으로 수집하거나 버리지 못하여 잡동사니 속에서 고통과 장애를 느끼는 저장장애(Hoarding Disorder)를 갖고 있는 분들도 많아지고 있습니다.

　한국정리수납협동조합은 이렇게 정리정돈에 어려움을 느끼는 분들과 심플라이프(Simple Life)를 추구하는 분들을 도와드리고 정리수납 업무를 조합원들의 직업으로 삼기 위하여 2013년에 설립되었습니다. 2014년에는 정리정돈을 배우고자 하는 시장의 수요에 부응하고 체계적인 교육을 위하여 오쿱 오거나이저스쿨(Ocoop

Organizer School)을 설립하였으며, 정리수납 2급, 1급, 마스터 오거나이저를 양성하고 있습니다. 특히 지역사회에 대한 지속적인 사회공헌활동을 위하여 2016년 서울시 예비사회적기업으로 인증을 받았습니다. 지금까지 오거나이저 스쿨을 통하여 배출된 인원은 오만여명을 넘어서고 있습니다. 교육과정을 마친 정리수납 전문가(Organizer)들은 직업인으로서 정리수납 이론과 실습 교육을 위한 강사로, 정리수납 컨설팅, 서비스, 코칭, 자원봉사 등을 수행하는 정리수납 전문가로 활동하고 있습니다.

한국정리수납협동조합이 출범한 이후 조합 운영의 체계화를 위하여 노력해 왔습니다. 마스터 오거나이저 과정에서의 조합과 조합원의 권리와 의무 등에 대한 체계적인 교육, 조합원의 역량강화를 위하여 매주 수요일 마다 실시하는 조합원 교육, 일반 조합회원을 위한 찾아가는 지역 특강 등을 수행하여 왔습니다. 이 과정에서 사회적기업이자 협동조합으로서 우리 조합이 수행해 왔던 여러 가지 교육프로그램을 토대로 정리수납을 직업으로 하고자 하는 분들과 정리수납에 관심이 있는 분들을 위하여 체계적인 교육을 위한 정리수납 마케팅 교재를 발간하게 되었습니다. 본《정리수납 오쿱 마케팅》에는 정리수납 오거나이저 스쿨을 통하여 배출된 전문가인 오거나이저(Organizer)들이 정리수납 컨설팅 비즈니스를 수행하면서 필요한 이론과 실무내용, B2B, B2G, B2C 비즈니스 추진 기법과 사례에 대한 다양한 내용을 수록하였습니다.

《정리수납 오쿱 마케팅》이 출간될 때까지 도움을 주신 많은 분들께 감사드립니다. 특히 오랜 시간 동안 정리수납이 습관화의 효과를 체험하고, 비즈니스로서 발전하도록 묵묵히 인정하고 지원해준 가족들께 감사드립니다. 그리고《정리수납 오쿱 마케팅》에 정리수납에 관한 다양한 이론과 기법, 사례들이 담길 수 있도록 개인들의 경험과 생각뿐만 아니라 여러 가지 조언을 아끼지 않으신 여러 조합원들께도 감사드립니다.

로저 마틴은《디자인 씽킹》에서 지식생산의 필터는 미스터리에서 경험규칙으로, 다시 알고리즘으로 발전한다고 하였습니다. 본《정리수납 오쿱 마케팅》은 정리수납이 경험규칙에서 알고리즘으로 발전하는 계기를 제공할 것으로 기대합니다.

2018년 4월

김현민, 김민주, 김연희, 조이남, 김남희

> 발간사

《정리수납 오쿱 마케팅》을 발간하며

  협동조합으로 사회적 기업이 되기까지 무수한 시행착오를 겪었지만, 동시에 불모지에서 나무 한그루가 자라고 있었습니다. 그 시간 동안은 협동조합으로 살아남기가 힘들다고 차마 말할 수도 없었습니다. 그런 만큼 (오쿱) 한국정리수납협동조합의 5년 발자취가 고스란히 담긴 책을 엮어 세상에 내보는 것에 감회가 남다릅니다.
  항상 이런 질문을 마음에 품고 있었습니다. 왜 사회적 기업을 하려 하는가? 오쿱이 가지고 있는 사회적 가치는 무엇인가? 지난 5년의 세월은 그것을 찾는 길이기도 했습니다.

세상의 선한 영향력 '홍익인간'

  '정리수납'은 여러 컨설팅 서비스를 통해 단순한 정리정돈 뿐만 아니라 주변환경을 개선하고 이를 통해서 가족 모두가 진심으로 행복해질 수 있는 시스템입니다. 정리수납 일을 하면서 사람들의 마음이

치유되고 새로운 인생을 사는 모습을 발견했습니다. 해가 거듭될수록 누군가는 해야 할 이 일에 진정한 의무와 사명감을 느꼈습니다.

물건을 쌓아 놓고 정리하지 못하는 저장장애(Hoarding Disorder)를 앓고 있는 가정들은 실제로 건강에 좋지 않은 기운을 내뿜고 새로운 세상으로 진출하지 못하는 우울증까지 심하게 겪고 있었습니다. 가슴 아픈 일이었지만 보람은 무엇보다 컸습니다.

그리하여, 처음부터 많은 것들을 메모하고 기록하고 시스템화 하는 일에 집중했습니다. 누가 와서 보더라도 알 수 있고, 또 여러 명이 모여서 일하는 협동조합인 만큼 사례집이나 조직화된 기초자료가 필요하다고 생각했습니다.

나의 이야기를 해보겠습니다. 내가 잘하는 것이라곤 일밖에 없었습니다. 태어나자마자 '형제들'로 구성된 단체 생활에 적응한 나는 힘든 엄마를 위해 착한 딸이 되어야 했습니다. 일찍 철이 들었고, 살면서 부당하거나 불편함이 있어도 화를 내거나 싫은 내색을 해본 적이 별로 없었습니다. 말하자면 나름 '소통'을 고민하고 찾는 직장생활에 최적화된 사람이었습니다. 5년 전 이맘때 쯤, 직장이란 끈을 놓고 처음으로 협동조합 만들기를 결심하면서도 마음은 절박함으로 간절했습니다. 가정에도 충실한 나와, 일하는 나는 서로 만날 수 없을까, 수입도 안정적이고 지속적으로 창출할 수는 없을까?

그런 협동조합을 만들고 싶어 많은 고민을 했던 시간이었습니다. 누군가는 꾸준히, 미련하리만큼 자기 일을 묵묵히 해야 사회가 순탄하게 굴러간다는 것을 배우는 시간이었습니다. 엄마가 자녀를 위해 말없이 일하며, 평생 기도하는 것처럼 지나고 보니 이만큼의 시간이 필요했고, 또 그만큼 성장해 있었습니다. 다만 나의 절박함이 내 발걸음을 더욱 바쁘게 했을 뿐이라는 자각도 생겼습니다.

하나 둘 모여든 우리 협동조합 선생님들. 그분들의 열정과 희생이 아니었다면 오늘의 한국정리수납협동조합도, 무한한 도전도 없었을 것입니다. 하나하나의 인연 모두가 소중하고 감사합니다.

한국정리수납협동조합 라이프오거나이저 여러분!

분명히 우리는 누군가에게 선한 영향력을 미치는 훌륭한 사람입니다. 빛나는 인생을 맞이하고 있는 지금의 당신이 최고입니다. 이제 여러분들의 얘기도 나누어 주십시오.

아직은 처음이라 미비할 수도 있을 것입니다. 다음 책이 나올 즈음에는 더 탄탄한 사례들과 발전된 마케팅의 표본을 만들 수 있기를 희망해 봅니다.

오쿱 사무실에서
2대 이사장 **김 민 주** · 3대 이사장 **김 연 희**

차례

I 마케팅 실행 기반 구축하기

01 협동조합과 사회적기업의 이해 … 14
02 비전 및 미션 수립하기 … 25
03 비즈니스 전략 수립하기 … 28
04 비전·미션과 전략에 적합한 조직 구축하기 … 32

II 정리수납 이론과 비즈니스

01 정리가 필요한 이유 … 40
02 정리수납의 개념과 주요 이론 … 46
  (1) 정리수납의 개념 … 46
  (2) 정리와 심리적 현상 … 47
  (3) 정리수납의 주요 원칙 … 50
  (4) 정리수납 프로세스 … 54
  (5) 정리수납의 효과 … 55
03 정리수납 비즈니스의 현황과 전망 … 57

III 정리수납 오쿱 마케팅

01 마케팅 기초 이론 … 70
02 오쿱 마케팅의 개념과 프로세스 5단계 … 74
03 오쿱 마케팅 MIX와 활용 … 86
  (1) 오쿱 브랜드 … 86
  (2) 오쿱 오거나이저스쿨 교육과정 … 86
  (3) 오쿱 정리수납 컨설팅 서비스 … 88
  (4) 오쿱 디지털 마케팅 (홈페이지, 카페, 블로그, 밴드) … 89
  (5) 오쿱 매체 마케팅 (유튜브, 홍보, 광고 등) … 93

IV. B2B/B2G 마케팅 추진 사례

- 01 B2G 공모사업 응모 사례 … 98
- 02 B2B 개별사업 추진 사례 (예시 포함) … 113
- 03 B2B 제휴 마케팅 사례 … 124
- 04 사회복지공동모금회(사랑의 열매) 참여 사례 … 132
- 05 서울시 마을공동체 지원사업 참여 사례 … 142
- 06 하남시 일자리 창출 아이디어 공모전 참여 사례 … 162
- 07 LH공사 열린혁신 아이디어 공모 참여 사례 … 167
- 08 와부읍주민자치센터 강좌개설 사례 … 171

V. B2C 마케팅 추진 사례

- 01 정리수납 컨설팅 서비스 사례 … 174
- 02 이사 후 서비스 사례 … 179
- 03 홈 정기관리 서비스 사례 … 182
- 04 리조트 그릇정리 서비스 사례 … 185

VI. 정리수납 마케팅 고객응대 화법

- 01 고객의 니즈 발굴 화법 … 190
- 02 고객의 거절에 대한 설득 화법 … 196
- 03 고객의 신뢰를 얻기 위한 화법 … 203

VII. 조합 운영 관련 연구자료

- 01 프리랜서형 협동조합 조합원의 소득과 세무 … 208
- 02 조합원(개인/개인사업자)의 매출 귀속 … 216
- 03 이사회 설치 및 운영에 관한 사항 … 220
- 04 조합의 회원 운영관리 방안 … 223
- 05 사회적 기업에 대한 사회적가치(SVI) 측정 사례 … 226

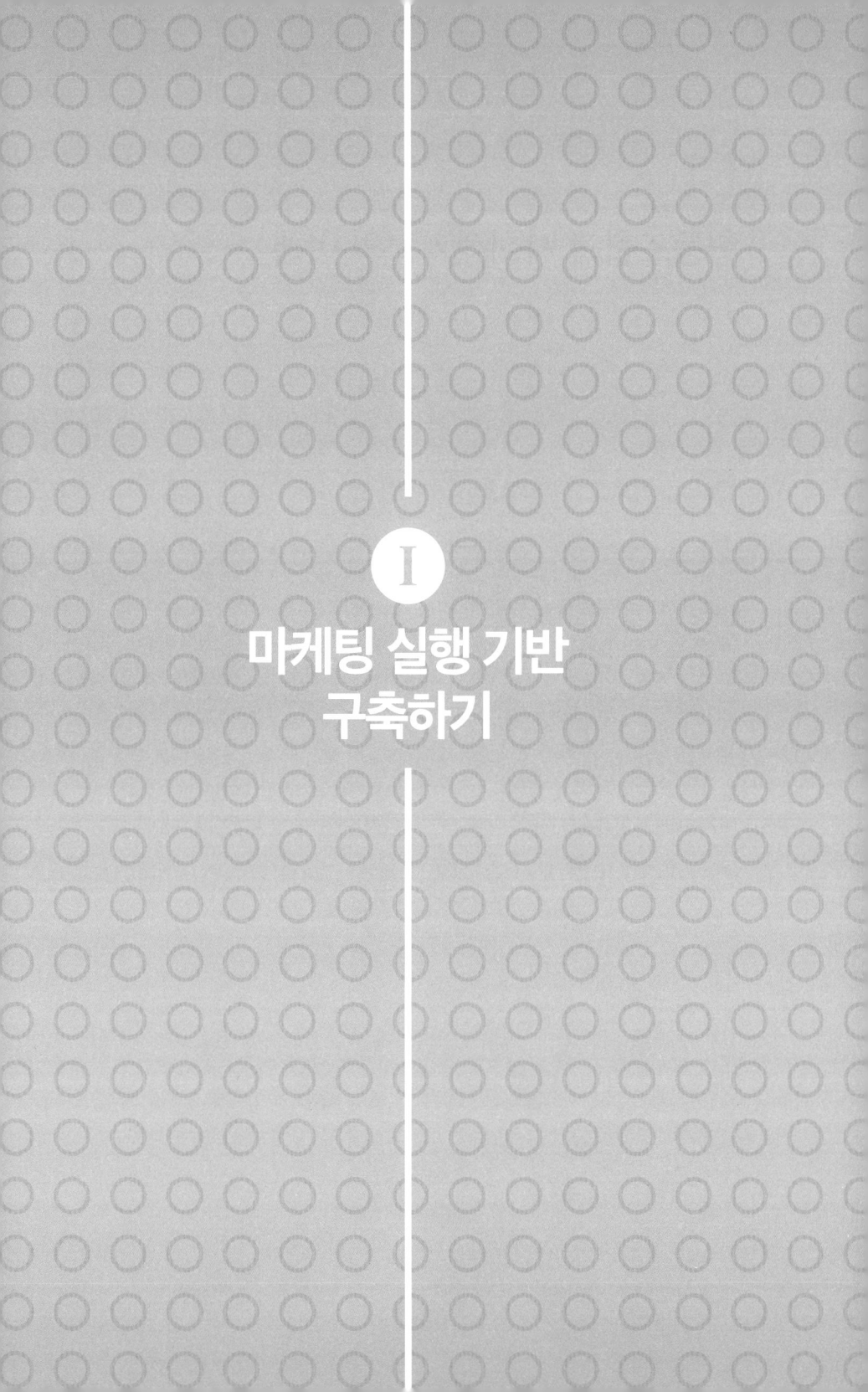

01
협동조합과 사회적기업의 이해

　한국정리수납협동조합은 협동조합기본법에 근거하여 설립된 영리 협동조합이다. 정리수납에 관한 소정 교육과정을 이수한 전문가인 Master Organizer(이하 MO)를 중심으로 구성되어 있으며, 영리를 추구하는 프리랜서형 협동조합이다.

　한국정리수납협동조합은 사회적기업육성법에 의하여 서울시 예비사회적기업 사회서비스제공형으로 지정(2016.12)되었다. 조합은 (예비)사회적기업으로서 송파구사회적경제지원센터내에 위치하고 있으며, 영리추구 뿐만 아니라 지역사회를 위하여 사회적 가치를 제공한다.

<그림 1-1> 조합의 설립 근거

(1) 협동조합

협동조합기본법에서의 협동조합 종류는 영리를 목적으로 하는지에 따라 두 가지로 구분된다. 영리를 목적으로 하는 협동조합은 일반 협동조합과 이들로 구성된 일반 협동조합 연합회로 구분된다. 비영리를 목적으로 하는 협동조합은 사회적 협동조합과 이들로 구성된 사회적 협동조합 연합회로 구분된다.

한국정리수납협동조합은 영리를 추구하는 협동조합으로 협동조합기본법에서 일반 협동조합으로 분류된다.

협동조합은 '재화 또는 용역의 구매·생산·판매·제공 등을 협동으로 영위함으로써 조합원의 권익을 향상하고 지역 사회에 공헌하고자 하는 사업조직'으로 정의된다.

또한 사회적협동조합은 '협동조합 중 지역주민들의 권익·복리 증진과 관련된 사업을 수행하거나 취약계층에게 사회서비스 또는 일자리를 제공하는 등 영리를 목적으로 하지 아니하는 협동조합'으로 정의된다(협동조합기본법 제2조).

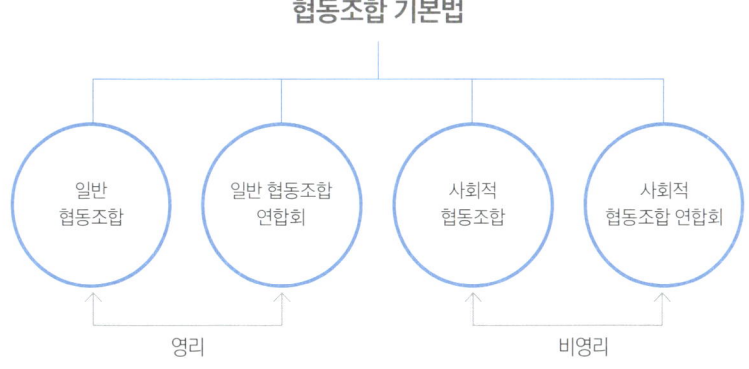

<그림 1-2> 협동조합기본법에서의 조합의 종류

● 프리랜서 협동조합[1]

프리랜서 협동조합은 주로 통번역가, 강사 등 프리랜서들이 일감의 공동 수주와 소득 증진을 위하여 설립한 협동조합이다.

장종익(2017)은 일반 협동조합들을 소상공인 및 소기업가 협동조합, 프리랜서들이 설립한 협동조합, 개인조합원 중심의 협동조합으로 재분류하였다.

프리랜서형 협동조합은 ①사업자가 아닌 개인 조합원수가 전체 조합원에서 과반수 이상을 차지하는 협동조합 ②조합의 주된 설립 목적이 조합원 수입증가, 조합원 고용안정, 사업체 경쟁력 강화인 협동조합으로 구체화할 수 있다.

또한 프리랜서들은 ①자발적인 성격의 전문적인 프리랜서 ②IT개발자 등 대기업의 아웃소싱 등으로 인한 비자발적인 프리랜서 ③경력단절여성이나 은퇴인들로 구성된 프리랜서 등으로 구분된다.

유형 1	자발적인 성격의 전문적인 프리랜서
유형 2	IT개발자 등 대기업의 아웃소싱 등으로 인한 비자발적인 프리랜서
유형 3	경력단절 여성이나 은퇴자들로 구성된 프리랜서

<그림 1-3> 프리랜서의 유형

---

[1] 장종익, 협동조합기본법으로 설립된 협동조합의 특성과 정책적 함의, 韓國協同組合研究 第35輯 第2號 (2017. 8). p88~p89.

국제협동조합연맹의 7대 원칙과 조합원의 정의

국제협동조합연맹(ICA)의 7대 원칙

1. 자발적이고 개방적인 조합원 제도

2. 초합원에 의한 민주적 관리

3. 조합원의 경제적 참여

4. 자율과 독립

5. 교육, 훈련 및 정보제공

6. 협동조합 간의 협동

7. 지역사회에 대한 기여

국제협동조합연맹(ICA)의 조합원의 정의

조합원은 자신들의 특정한 필요와 염원을 충족하기 위해,
비슷한 생각과 의지를 가진 사람들이
함께 자발적으로 결합하여
협동조합이라는 사업체를 만든 사람들을 말한다.
(즉, 조합원은 협동조합의 주체/소유자/이용자이자 운영자이다.)

<그림 1-4> 국제협동조합연맹(ICA)의 7대 원칙

● 협동조합기본법에서의 조합과 조합원

협동조합은 '협동조합기본법'에 의하여 설립된 법인(제4조제1항)으로, 재화 또는 용역의 구매·생산·판매·제공 등을 협동으로 영위하여 조합원의 권익을 향상하고 지역사회에 공헌하는 사업조직이다(제2조제1호).

협동조합은 조합원의 복리증진과 상부상조를 목적으로 조합원 등의 경제적·사회적·문화적 수요에 부응하여야 한다(제5조).

협동조합의 조합원은 협동조합의 설립 목적에 동의하고 조합원으로서 의무를 다하고자 하는 자(제20조)로 조합가입신청과 출자금을 납부(제22조)함으로써 권리와 의무가 발생한다.

협동조합의 조합원은 출자좌수에 관계없이 각각 1개의 의결권과 선거권을 가진다(제23조). 따라서 조합원은 조합의 주주이자 주인으로서 법적지위를 갖게 된다.

경제적 의무	출자의 의무, 부담의 의무, 손실액 부담의 의무
이용/운영 참여 의무	이용의 의무, 운영참여(총회, 이사회, 내부회의, 행사 등)의 의무
윤리적 의무	정직, 열린마음, 타인에 대한 배려, 사회적 책임
조합원의 권리	공익권(운영 참가의 권리) : 의결권/선거권(1인 1표)/피선거권, 임원해임요구권, 자익권 　(경제적 이익을 향유할 권리)

<그림 1-5> 조합원의 권리와 의무

● 조합 등 단체를 구성하는 이유

개인들이 혼자서 사업을 하거나 사회활동을 하는 것은 의사결정의 자율성, 신속성, 행동제약이 없는 등의 장점이 있다. 그러나 다른 사람이나 단체와 교류를 하게되면 혼자서 하는 것보다 여럿이 단체를 구성하여 활동하는 것이 보다 효율적이고 장점이 많다.

단체를 구성하는 이유는 크게 가치추구라는 측면과 이익(혜택) 추구라는 두가지 측면에서 살펴볼 수 있다. 먼저 가치추구라는 측면에서 대외적으로 사회적가치의 구현, 봉사활동의 수행, 사회적 기관과의 협력 등에서 단체의 장점이 두드러지게 나타난다. 대내적인 측면에서는 상부상조가 가능하고 조합원교육 등 상호교육을 통한 역량강화, 친목도모 등의 장점이 있다.

이익(혜택) 추구라는 측면에서 대외적으로 단체의 브랜드 경쟁력 확보, 대외적인 협상력 확보, 정부(또는 단체)의 지원 확보 용이, 경쟁력 확보(교육시스템 등), 기관간 협력 용이 등이 있다. 대내적인 측면에서는 조직원의 경제적 혜택(조합은 공정거래법과 직업안정

	가치 추구	이익(혜택) 추구
대외	· 사회적 가치구현 · 봉사활동 수행 · 사회적 기관과의 협력	· 브랜드 경쟁력 확보 · 협상력 확보 · 정부(or 단체) 지원 확보 · 경쟁력 확보(교육시스템) · 기관간 협력 용이
대내	· 상부상조(자원봉사) · 상호교육(조합원 교육) · 친목도모	· 조직원 경제적 혜택 　(공정거래법/직업안정법 적용 제외) · 규모의 경제확보 용이 · 전문성/효율성, 분업화

<그림 1-6> 단체(조합)를 구성하는 이유

법에 대한 적용 제외가 있음), 규모의 경제 확보가 용이하고 전문성, 효율성, 분업화를 추구할 수 있다.

- **조합이 조합원에 제공하는 혜택**

단체로서 조합이 조합원에게 제공하는 혜택은 〈그림1-7〉에서와 같이 브랜드 파워, 사업 활동, 조합원 상호 협력의 세 가지 관점에서 정리할 수 있다.

브랜드 파워 측면에서 대외협상력, 바우처사업, 고객신뢰, 기관간 협력, 거래안정, 자격관리 등의 혜택을 고려할 수 있다. 사업활동의 측면에서는 경쟁력 확보, 서비스 표준화와 품질 유지, 조합원의 역량 강화와 확보, 수익창출, 공정거래법과 직업안정법 등의 적용 제외, 경력개발 등을 고려할 수 있다. 조합원 상호 협력 측면에서는 사회활동 및 봉사, 친목도모, 조합운영참여 등이 있다.

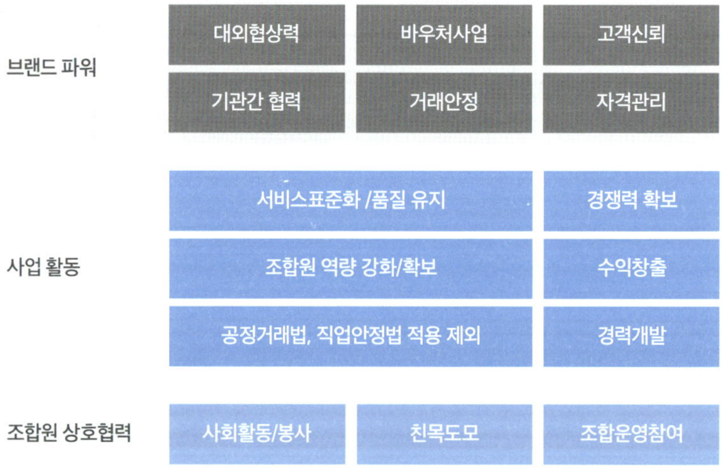

브랜드 파워	대외협상력	바우처사업	고객신뢰
	기관간 협력	거래안정	자격관리
사업 활동	서비스표준화/품질 유지		경쟁력 확보
	조합원 역량 강화/확보		수익창출
	공정거래법, 직업안정법 적용 제외		경력개발
조합원 상호협력	사회활동/봉사	친목도모	조합운영참여

<그림 1-7> 조합이 조합원에 제공하는 혜택

(2) (예비)사회적기업[2]

일반적으로 사회적기업이란 영리기업과 비영리기업의 중간 형태로, 사회적 목적을 우선적으로 추구하면서 재화·서비스의 생산·판매 등 영업활동을 수행하는 기업(조직)을 의미한다.

사회적기업육성법(제2조제1호)에서는 사회적기업을 '취약계층에게 사회서비스 또는 일자리를 제공하거나 지역사회에 공헌함으로써 지역주민의 삶의 질을 높이는 등의 사회적 목적을 추구하면서 재화 및 서비스의 생산·판매 등 영업활동을 하는 기업'으로 정의하고, 고용노동부 장관의 인증을 받도록 하고 있다.

예비사회적기업은 사회적 목적 실현, 영업활동을 통한 수익창출 등 사회적기업 인증을 위한 최소한의 법적요건을 갖추고 있으나 수익구조 등 일부요건이 충족하지 못하는 기업을 말한다. 예비사회적기업은 지방자치단체장이 지정하는 지역형 예비사회적기업과 중앙부처장이 지정하는 부처형 예비사회적기업으로 구분된다.

(예비)사회적기업의 유형으로는 ①일자리 제공형(취약계층) ②사회서비스 제공형(취약계층) ③지역사회 공헌형 ④혼합형(일자리+사회서비스) ⑤기타형의 5가지로 구분된다.

사회적기업 인증을 위하여 필요한 요건은 〈표1-1〉과 같이 7가지 요건으로 구분된다. 해당 요건으로 ①조직형태 ②유급근로자 고용 ③사회적 목적의 실현 ④이해관계자가 참여하는 의사결정구조 ⑤영업활동을 통한 수입 창출 ⑥정관의 필수사항 ⑦이윤의 사회적 목적 사용 등이 있다.

---

[2] 한국정리수납협동조합은 2019년 5월10일 고용노동부장관으로 부터 사회적기업으로 인증을 받음

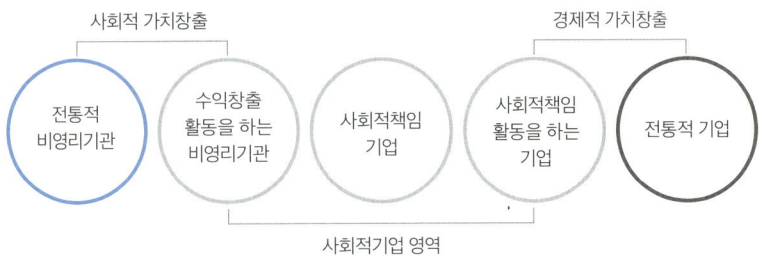

<그림 1-8> 사회적기업의 업무영역[3]

<표 1-1> 사회적기업 인증을 위한 7가지 요건

1. 조직형태	민법에 따른 법인·조합, 상법에 따른 회사, 특별법에 따라 설립된 법인 또는 비영리단체 등 대통령령으로 조직형태를 갖출 것
2. 유급근로자 고용	유급근로자를 고용하여 재화와 서비스의 생산·판매 등 영업활동을 할 것
3. 사회적 목적의 실현	취약계층에게 사회서비스 또는 일자리를 제공하거나 지역사회에 공헌함으로써 지역주민의 삶의 질을 높이는 등 사회적 목적의 실현을 주된 목적으로 할 것
4. 이해관계자가 참여하는 의사결정구조	서비스 수혜자, 근로자 등 이해관계자가 참여하는 의사결정 구조를 갖출 것
5. 영업활동을 통한 수입	영업활동을 통하여 얻는 수입이 노무비의 50% 이상일 것
6. 정관의 필수사항	사회적기업육성법 제9조에 따른 사항을 적은 정관이나 규약 등을 갖출 것
7. 이윤의 사회적 목적 사용	회계연도별로 배분 가능한 이윤이 발생한 경우에는 이윤의 3분의 2 이상을 사회적 목적을 위하여 사용할 것(상법상 회사·합자조합 등)

(3) 여성기업[4]

여성기업지원에관한법률 시행령 제2조제1항제1호에 따르면 여성기업은 '여성이 실질적으로 경영하는 기업'으로서 '상법상의 회사'이거나 '여성이 개인사업자' 등록을 한 경우에 해당된다.

2019년 관련 법률 시행령 개정으로 협동조합도 이사장이 여성인 조합원이고, 이사와 조합원의 과반수가 여성인 경우에 여성기업으로 인증 받을 수 있다.

---

3) 한국사회적기업진흥원 홈페이지에서 인용(http://www.socialenterprise.or.kr/kosea/info.do)
4) 우리 조합은 2020년 5월27일 여성기업으로 인증을 받음

제2조(정의) 이 법에서 사용하는 용어의 뜻은 다음과 같다. <개정 2016.1.27.>
1. "여성기업"이란 여성이 소유하고 경영하는 기업으로서 대통령령으로 정하는 기준에 해당하는 기업을 말한다.
2. "여성경제인"이란 기업의 임원으로서 그 기업의 최고의사 결정에 참여하는 여성을 말한다.
3. "공공기관"이란 「중소기업제품 구매촉진 및 판로지원에 관한 법률」제2조제2호에 따른 공공기관을 말한다.
[전문개정 2009.12.30.]

『여성기업지원에 관한 법률 시행령』
제2조(여성기업의 정의) ①「여성기업지원에 관한 법률」(이하 "법"이라 한다) 제2조제1호에서 "대통령령이 정하는 기준에 해당하는 기업"이란 여성이 실질적으로 경영하는 기업으로서 다음 각 호의 어느 하나에 해당하는 기업을 말한다. <개정 2007.6.11., 2013.6.28., 2016.7.28.>
1. 대표권이 있는 임원(이하 "회사대표"라 한다)으로 등기되어 있는 여성이 최대출자자[자기의 명의로 소유하는 출자지분(주식회사인 경우에는 「상법」 제344조의3에 따른 의결권 없는 주식은 제외한다. 이하 같다)이 최대인 자를 말한다]인 「상법」상의 회사(회사 대표로 등기되어 있는 여성이 2명 이상인 경우로서 그 합한 출자지분이 최대인 회사를 포함한다)
2. 여성이 「소득세법」 제168조 또는 「부가가치세법」 제8조에 따라 사업자등록을 한 개인사업자
3. 다음 각 목의 요건을 모두 갖춘 「협동조합 기본법」 제2조제1호에 따른 협동조합(같은 조 제3호에 따른 사회적협동조합은 제외한다. 이하 같다)
가. 총 조합원 수의 과반수가 여성일 것
나. 총 출자좌수의 과반수를 여성인 조합원이 출자하였을 것
다. 이사장이 여성인 조합원일 것
라. 이사장을 포함한 총 이사의 과반수가 여성인 조합원일 것
② 삭제 <2016.7.28.>

<그림 1-9> 여성기업지원에 관한 법률 및 시행령 해당조문

※ 여성기업인증 혜택

1. 모든 공공기관은 여성기업의 제품을 3~5% (공사의 경우 3%, 물품 또는 용역 5%)를 의무적으로 구매하게 되어 있다.
2. 공공시장 진입시 가산점 0.5~1점 부여
3. 자금이용시 금리우대
4. 여성기업 종합 지원센터의 창업 보육실 입주(2년 미만의 여성기업인 경우 최대 3년)

(4) 평생학습기관[5]

우리 조합은 평생교육법 등 관련 법률에서 정하고 있는 평생교육기관의 자격요건에 해당하지 않는다. 구체적인 자격요건으로는 평생교육기관은 자본금 또는 자산이 3억원 이상이고, 평생교육프로그램을 전담하는 전문인력이 5명 이상이 되어야 한다.

우리 조합은 평생교육법 등 관련 법률에서 정하고 있는 학습계좌 운영대상에도 해당되지 않는다. 학습계좌 운영대상이 되기 위해서는 관련 법률에 따라 평가인정을 받은 평생교육기관이 되어야 한다.

학점인정대상 국가공인 관련 법률 등에 따르면 국가평생교육진흥원장이 고시한 자격(국가기술자격, 국가전문자격, 국가공인 민간자격)인 경우 자격취득 학점인정대상이 된다. 그러나 우리 조합의 경우에는 국가공인 민간자격을 취득하지 못한 상태로 학점인정대상이 되지 않는다.[6]

> **"평생교육"이란(제2조 제1호)**
> 학교의 정규교육과정을 제외한 학력보완교육, 성인 문자해득교육, 직업능력 향상교육, 인문교양교육, 문화예술교육, 시민참여교육 등을 포함하는 모든 형태의 조직적인 교육활동을 말한다.
>
> **평생교육기관은(제2조 제2호)**
> 가. 이 법에 따라 인가·등록·신고된 시설·법인 또는 단체
> 나. 「학원의 설립·운영 및 과외교습에 관한 법률」에 따른 학원 중 학교교과교습학원을 제외한 평생직업교육을 실시하는 학원
> 다. 다른 법령에 따라 평생교육을 주된 목적으로 하는 시설·법인 또는 단체

---

[5] 우리 조합은 해당사항 없음
[6] 2018.1.30.기준 한국직업능력개발원에 '정리' 관련 민간자격 발급 기관은 60개가 있으며, 국가공인 민간자격을 취득한 기관은 없음.

02
비전 및 미션 수립하기

(1) 우량기업의 성공요인(7S)

우량기업의 성공요인에 대하여 연구한 맥킨지의 톰 피터스와 로버트 워터맨(1982)의 7S를 살펴본다.

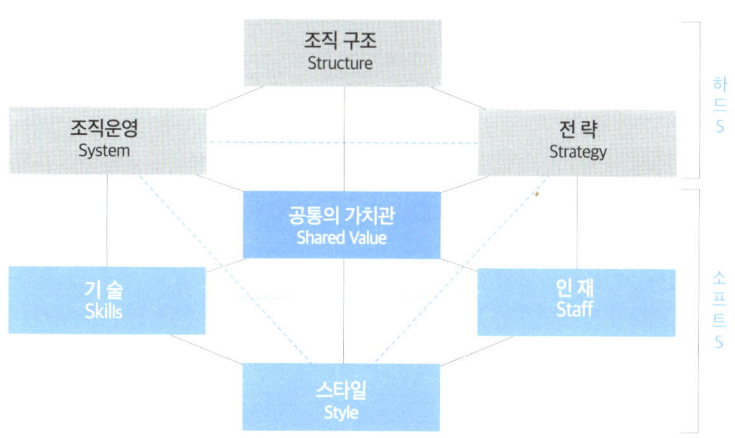

<그림 1-10> 맥킨지의 7S

7S는 공통의 가치관(Shared Value), 전략(Strategy), 조직구조(Structure), 조직운영(Systems), 기술(Skills), 인재(Staff), 스타일(Style)로 구성된다.

한국정리수납협동조합은 조직의 지속적인 성장 발전을 위하여 공통적 가치관(Shared Value)에 해당되는 비전(Vision)과 미션(Mission)을 가장 먼저 수립하였다.

(2) 비전과 미션

한국정리수납협동조합의 비전과 미션은 조합의 창립과 정관 작성과 함께 수립되었다. 이후 조합이 발전하면서 2017년에 조합의 전반적인 경영시스템을 개선하면서 추진된 홈페이지 재구축과 함께 현재와 같이 수정되었다. (http://www.ocoop.or.kr)

조합의 비전은 "한국정리수납협동조합은 사람 중심의 사회적경제에 초점을 두고, 정리수납을 기본으로 일상생활의 환경을 개선하는 실천적인 전문기관이 되는 것"이다. 즉, 조합은 영리 협동조합의 조직체계를 갖고 있으면서 지역사회를 위하여 사회적 경제에도 관심을 갖고 사업을 추진한다는 것이다. 또한 조합의 기본인 정리수납을 통하여 일상생활의 환경을 개선하기 위하여 실천적인 전문기관이 되는 것으로 하였다.

조합의 미션은 조합의 정관과 비전을 토대로 작성되었다. 조합의 미션은 ①정리수납 교육을 통한 생활의 인식 개선 ②전문교육과 컨설팅을 통한 정리수납오거나이저 양성 ③경력단절 여성을 위한 일자리 창출, 취약계층에 대한 사회적 서비스 제공 ④정리수납 컨설팅과 연계한 청소대행서비스 제공으로 수정되었다.

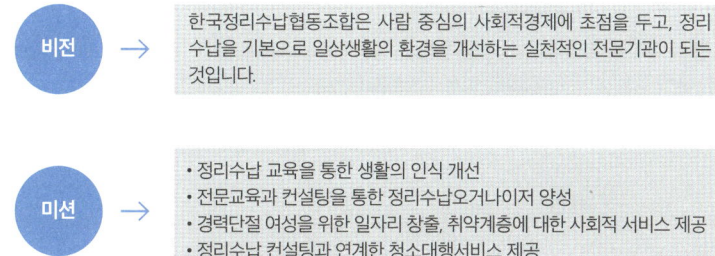

<그림 1-11> 한국정리수납협동조합의 비전과 미션

03
비즈니스 전략 수립하기

> 본 (예비)사회적기업의 비즈니스 전략 수립 절차와 내용은 서초구청 주관으로 2017.11월 중에 3일간 진행된 협동조합 경영자를 위한 교육과정에 참석하여 학습한 내용이다. 교육과정 중에 진행된 협동조합의 비즈니스 전략 수립 워크샵에서 우리 조합의 비즈니스 전략을 수립하여 발표한 내용 중 일부이다.

(1) 비즈니스 전략 수립 절차

(예비) 사회적기업의 비즈니스 모델 수립 절차는 1단계 현황 및 문제분석, 2단계 전략사업 도출, 3단계 비즈니스 모델 설계의 순으로 진행된다.

1단계 현황 및 문제분석 단계에서는 협동조합의 유형의 정의, 협동조합의 자가진단, 문제 발생요인 분석, 문제 현상 분석, 근본 문제 분석의 단계로 진행된다. 2단계 전략사업 도출 단계에서는 1단계에서 진행된 문제 분석 결과를 토대로 전략사업 도출, 주요사업 우선순위화 순으로 진행된다. 3단계 비즈니스 모델 설계 단계에서는 비즈니스 모델 도식화와 비즈니스 모델링의 단계로 진행된다.

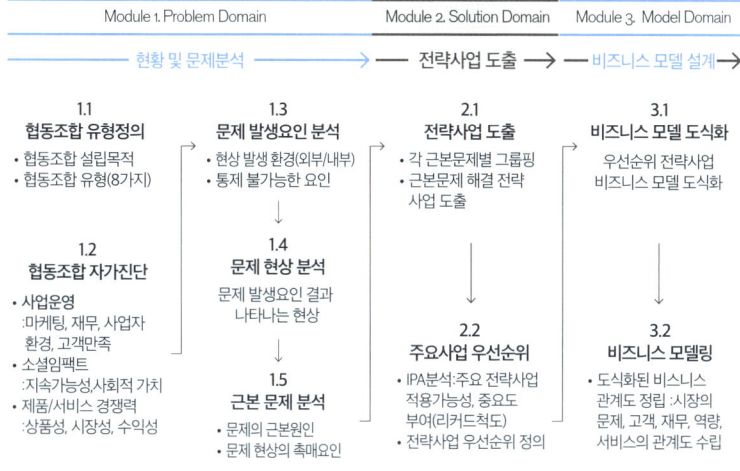

(2) 비즈니스 전략 수립 결과

비즈니스 전략 수립 절차에 따라 도출된 결과는 '3.2 비즈니스 모델링' 표로 정리되었다. 최종 결과인 비즈니스 모델링에는 ①문제점 ②해결책 ③비즈니스 프로세스 도식 ④제공가치 ⑤고객 ⑥유통채널 ⑦핵심자원 ⑧비용 ⑨수익 ⑩경쟁우위로 구성되어 있다.

• 문제분석(요인, 현상, 근본문제)

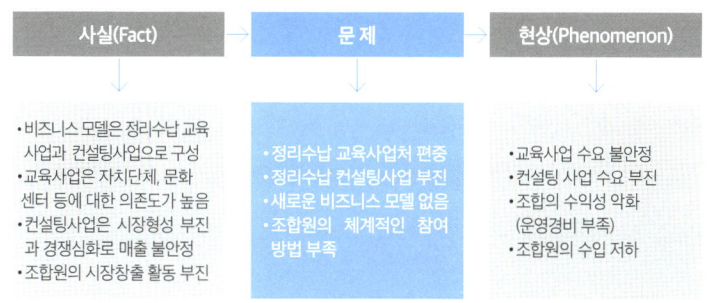

• 전략사업 도출

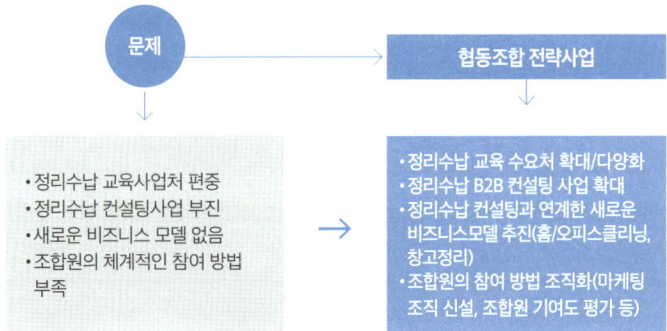

(3) 조합의 비즈니스 모델링 결과

조합 현재의 문제점을 해결하기 위한 해결책으로 ①정리수납 교육 수요처 확대/다양화 ②정리수납 B2B 컨설팅 사업확대 ③정리수납 컨설팅과 연계한 새로운 비즈니스모델 추진(홈/오피스 클리닝) ④조합원의 참여 방법 조직화(마케팅 조직 신설, 조합원 기여도 평가 등) 등이 도출되었다.

이러한 해결책을 구체적으로 실행하기 위한 핵심사업으로는 ①기업고객(B2B)과 협력사업 확대 ②취약계층 지원 재단과 협력사업 확대(예 : 사랑의 열매와 협력사업) ③정리수납과 연계한 (홈/오피스)클리닝 ④마케팅팀 신설 / 조직기여도 평가기준 마련 등으로 정리되었다.

조합에서는 이렇게 도출된 비즈니스 모델을 토대로 워크샵을 진행하였다. 이를 토대로 조직을 국, 실, 본부, 팀 체제로 구축하였다. 팀별로 성과책임과 업무분장을 구체화하였으며, 조합차원에서는 조합원에 대한 교육과 활동참여 독려 등을 추진하게 되었다.

- **비즈니스 모델 도식화**

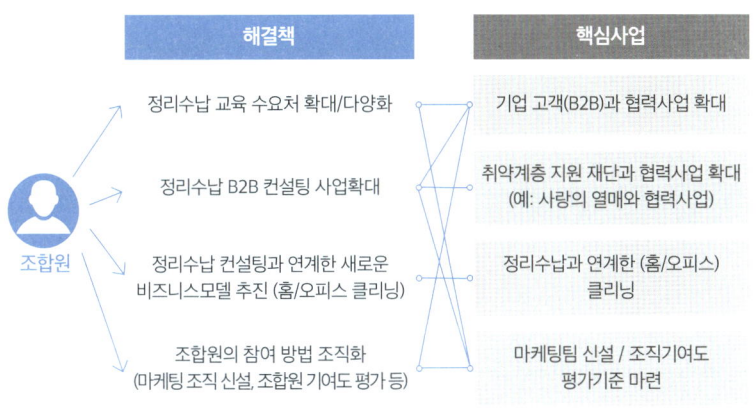

- **비즈니스 모델링 결과**

❶ 문제(Problem)
- 정리수납 교육 사업처 편중
- 정리수납 컨설팅 사업 부진
- 새로운 비즈니스 모델 없음
- 조합원의 체계적인 참여방법 부족

❷ 해결책(Solution)
- 정리수납 교육 수요처 확대/다양화
- 정리수납 B2B 컨설팅 사업 확대
- 정리수납 컨설팅과 연계한 새로운 비즈니스 모델 추진(홈/오피스 클리닝)
- 조합원의 참여 방법 조직화(마케팅 조직신설, 조합원 기여도 평가 등)

❸ 비즈니스 프로세스 도식(Business Process Diagram)

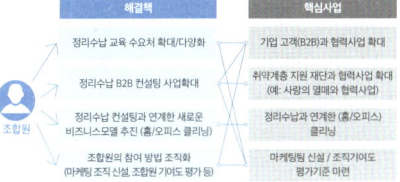

❹ 제공가치 (Value Proposition)
[Mission 有]
한국정리수납협동조합은 사람 중심의 사회적 경제에 초점을 두고 정리수납을 기본으로 일상생활의 환경을 개선하는 실천적인 전문기관이 되는 것이다.

❺ 고객(Customer)
B2B고객 확대

❻ 유통채널(Channels)
SNS를 통한 비즈니스 홍보
타 조합과의 협력

❼ 핵심자원 (Key Resources)
이사장에 대한 의존도
조합원의 참여도

❽ 비용(Cost)
조합 사무실 등 운영비
교재 제작비 등

❾ 수익(Cost)
교육 강사료, 컨설팅 결과 조합분담금, 자격증 발급, 교육과정운영

❿ 경쟁우위 (Advantage)
- 교육과정 표준화, 경쟁력 있음
- 컨설팅서비스의 표준화, 스킬 우수
- (예비)사회적기업

04
비전·미션과 전략에 적합한 조직 구축하기

(1) 조직 구축을 위한 프로세스

조합의 특성상 상근 조합원이 매우 적으므로 일반 조합원의 참여를 통한 조직 구축과 조직장으로의 참여가 매우 중요하다. 이를 위하여 조합에서는 2017년 하반기 워크샵에서 우리 조합의 향후 발전방향을 발표하고, 조직 운영계획을 설명하였다.

이를 토대로 조합에서는 조합원과 협의하여 조직장을 임명하고, 각 조직 단위별 성과책임과 업무분장을 확정하였다. 이후 각 조직단위별 2018년 사업계획을 수립하였다.

(2) 조합의 조직

조합의 조직은 조합 총회를 정점으로 산하에 이사장과 국장, 실장, 본부장 체제를 구성하였다. 각 본부 산하에 팀을 두었으며 구체적인 조직 구성은 다음과 같다.

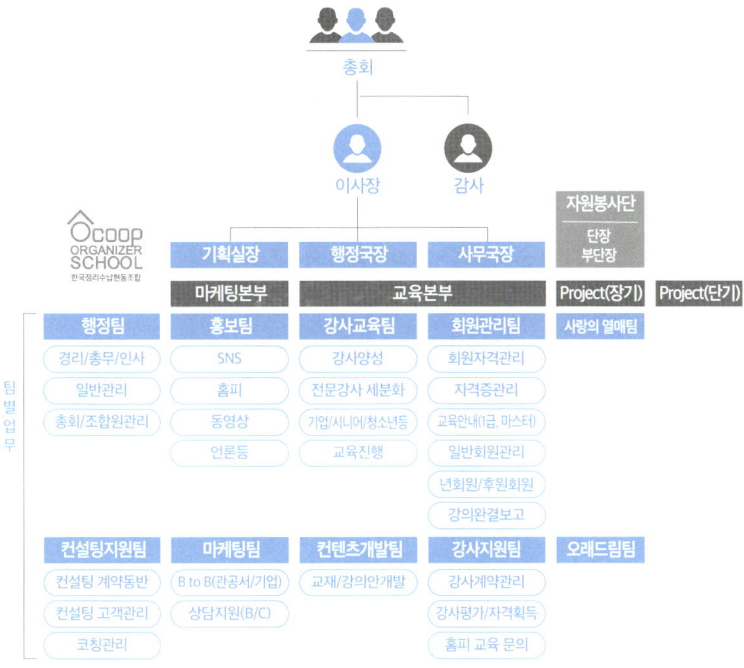

<그림 1-12> 조합의 조직구성 및 주요업무

마케팅 실행 기반 구축하기 33

(3) 팀별 성과책임 및 업무분장

[행정국장]

• 행정팀

구분	세 부 내 용
성과책임	• 오거나이저로서 개인별 강의처와 컨설팅 고객을 발굴한다. • 오거나이저로서 강의 역량과 컨설팅 스킬을 높인다. • 조합의 경리/총무/인사 업무의 적시성과 정확성을 확보한다. • 조합의 사무관리 등 일반관리 업무의 적정성을 확보한다. • 조합의 법정 회의(이사회,총회 등) 운영의 적정성을 확보한다. • 조합원 관리 사무의 적정성을 확보한다. • 조합 운영규정 변경 및 운영의 적정성을 확보한다. • 오쿱 소식지 발간 시기의 적절성과 내용의 품질을 확보한다. • 조합 강의 운영의 적정성을 확보한다. • 팀원을 확보, 양성한다.
업무분장	• 조합의 경리/총무/인사 업무에 관한 사항 • 조합의 사무관리 등 일반관리에 관한 사항 • 조합의 법정 회의 (이사회, 총회 등) 운영에 관한 사항 • 조합원 가입/탈퇴, 명단관리 등의 사무에 관한 사항 • 조합 운영규정 변경 및 운영에 관한 사항 • 오쿱 소식지 개발, 운영, 배포에 관한 사항 (본부장 결정) • 조합 강의실 예약에 관한 사항 • 교육 및 주간회의 일정 공지에 관한 사항

• 컨설팅지원팀

구분	세 부 내 용
성과책임	• 오거나이저로서 개인별 강의처와 컨설팅 고객을 발굴한다. • 오거나이저로서 강의 역량과 컨설팅 스킬을 높인다. • 조합원의 컨설팅 견적스킬 역량을 강화한다. • 조합원의 컨설팅 견적시 동반의 적정성을 확보한다. • 조합원의 코칭 역량을 강화한다. • 조합원의 코칭 활동 동반의 적정성을 확보한다. • 조합원(MO과정 졸업)의 컨설팅 참여의 적정성을 확보한다. • 컨설팅 스케줄 관리의 적정성을 확보한다. • 팀원을 확보, 양성한다.
업무분장	• 조합원의 컨설팅 견적스킬 역량 향상에 관한 사항 • 조합원의 컨설팅 견적 동반에 관한 사항 (조합원 요청시) • 조합원의 코칭 역량 향상에 관한 사항 • 조합원의 코칭 활동 동반에 관한 사항 (조합원 요청시) • 조합원(MO과정 졸업)의 컨설팅 활동 참여에 관한 사항 • 컨설팅 스케줄 관리에 관한 사항 (월1회)

[마케팅본부]

• 마케팅팀

구분	세 부 내 용
성과책임	• 오거나이저로서 개인별 강의처와 컨설팅 고객을 발굴한다. • 오거나이저로서 강의 역량과 컨설팅 스킬을 높인다. • 조합과 조합원의 B2B, B2C 사업추진 전략의 구체성을 높인다. • 조합과 조합원의 B2B, B2C 활동 역량을 강화한다. • 조합과 조합원의 마케팅 역량을 강화한다. • 조합원의 B2B 동반활동의 효과성을 높인다. • 팀원을 확보, 양성한다.
업무분장	• 조합의 B2B, B2C 사업추진 전략을 수립에 관한 사항 • 조합의 B2B, B2C 사업추진을 위한 세부추진방안 수립에 관한 사항 • 조합원의 마케팅 역량 강화에 관한 사항 (오쿱마케팅 등) • 조합원의 B2B 사업추진을 위한 동반지원에 관한 사항 • 조합의 B2B 사업추진을 위한 자료 개발에 관한 사항

• 홍보팀

구분	세 부 내 용
성과책임	• 오거나이저로서 개인별 강의처와 컨설팅 고객을 발굴한다. • 오거나이저로서 강의 역량과 컨설팅 스킬을 높인다. • 조합 홍보 수단 개발 및 운영의 적정성을 확보한다. • 조합 홍보를 위한 컨텐츠의 개발의 시의성과 품질의 적정성을 확보한다. • 조합 홍보를 위한 타 기관과의 협력 관계를 높인다. • 팀원을 확보, 양성한다.
업무분장	• 조합 홍보 수단(홈페이지, 페이스북, 카페, 인스타그램 등)의 개발, 운영에 관한 사항 • 조합 홍보를 위한 컨텐츠의 개발 및 홍보 수단에의 등재에 관한 사항 • 조합 홍보를 위한 타 기관(협동조합다반사, 센터 등)과의 협력에 관한 사항

[교육본부]

- 강사교육팀

구분	세 부 내 용
성과책임	• 오거나이저로서 개인별 강의처와 컨설팅 고객을 발굴한다. • 오거나이저로서 강의 역량과 컨설팅 스킬을 높인다. • 조합 강의 커리큘럼의 품질을 높인다. • 조합 강사별 강의분야의 전문성을 높인다. • 조합 커리큘럼에 참여할 외부강사의 섭외력을 강화한다. • MO과정 수료후 시강의 적시성과 적정성을 확보한다. • 강의 제안의 품질을 유지한다. • 팀원을 확보, 양성한다.
업무분장	• 조합 강의 커리큘럼에 관한 사항 • 강사별 강의분야 전문화에 관한 사항 • 외부강사 섭외에 관한 사항 • MO과정 수료후 시강에 관한 사항 • 강의 제안에 관한 사항

- 컨설팅개발팀

구분	세 부 내 용
성과책임	• 오거나이저로서 개인별 강의처와 컨설팅 고객을 발굴한다. • 오거나이저로서 강의 역량과 컨설팅 스킬을 높인다. • 조합 교재와 강의안의 최신성을 확보한다. (지속적으로 업그레이드) • 교육 대상자별 조합교재와 강의 컨텐츠의 다양성을 확보한다. • 조합 교재와 강의 컨텐츠 자료 개발의 적정성을 유지한다. • 동영상 자료의 개발과 탐색으로 강의 컨텐츠의 퀄리티 수준을 유지한다. • 팀원을 확보, 양성한다.
업무분장	• 조합 교재와 강의안의 개발과 유지에 관한 사항 • 교육 대상자별 조합 교재와 강의 컨텐츠 개발에 관한 사항 • 각종 컨텐츠 자료의 개발, 활용에 관한 사항 • 각종 동영상 자료의 개발과 탐색, 확보에 관한 사항

- **회원관리팀**

구분	세 부 내 용
성과책임	• 오거나이저로서 개인별 강의처와 컨설팅 고객을 발굴한다. • 오거나이저로서 강의 역량과 컨설팅 스킬을 높인다. • 오거나이저 회원자격 관리의 적정성을 확보한다. • 오거나이저 1급과정과 MO과정의 개설 안내의 적정성을 확보한다. • 일반회원(오거나이저 2급, 1급, MO과정 이수 후 조합 미가입자)을 확보한다. • 일반회원 관리의 효율성을 높인다. • 팀원을 확보, 양성한다.
업무분장	• 오거나이저 회원자격 부여, 자격증 발급에 관한 사항 • 오거나이저 1급과정, MO과정 개설시 안내에 관한 사항 • 일반회원의 확보, 유지관리 기준 수립 및 변경에 관한 사항 • 일반회원의 확보, 유지에 관한 사항

- **강사지원팀**

구분	세 부 내 용
성과책임	• 오거나이저로서 개인별 강의처와 컨설팅 고객을 발굴한다. • 오거나이저로서 강의 역량과 컨설팅 스킬을 높인다. • 강사의 강의완결 보고의 적시성과 정확성을 확보한다. • 강사의 계약관리의 적정성을 확보한다. • 강사 양성 과정의 적정성을 확보한다. • 강사 양성을 위한 시강과 강의프로그램의 지원의 적정성을 확보한다. • 강사 양성에 관한 기준 운용의 적정성을 확보한다. • 유형별 강의제안서의 품질의 적정성을 확보한다. • 팀원을 확보, 양성한다.
업무분장	• 강사의 강의완결 보고에 관한 사항 • 강사의 계약관리에 관한 사항 • 강사의 평가와 자격획득에 관한 사항 • 강사 양성을 위한 시강과 강의프로그램 지원에 관한 사항 • 강사 양성에 관한 기준의 제정 및 변경에 관한 사항 • 유형별 강의제안서 관리에 관한 사항

- 강사

구분	세 부 내 용

성과책임	• 오거나이저로서 개인별 강의처와 컨설팅 고객을 발굴한다.
	• 오거나이저로서 강의 역량과 컨설팅 스킬을 높인다.
	• 강의완결 보고의 적시성과 정확성을 확보한다.
	• 강의 운영의 적정성을 확보한다. (강의시작전 도착, 강의장 준비상태 점검, 강의슬라이드 준비, 수강생출결확인, 강의내용철저준비, 강의시간 준수, 수강생 질의사항 답변, 수강생 안내사항 등)
	• 강사의 전문분야별 강의역량을 높인다. (강의내용 숙지, 사례연구 등)
	• 강의 수강생의 오거나이저 자격취득율을 높인다.
	  (교재판매, 자격취득시험 응시, 자격취득율)
	• 강의 수강생의 조합회원 가입율을 높인다.
	  (2급과정은 일반회원을, 1급과정 이상은 조합회원 확보)

업무분장	• 강사의 강의완결 보고에 관한 사항 • 강의 운영에 관한 사항 • 강의 전문분야의 강의안과 강의스킬에 관한 사항 • 강의 수강생의 자격취득에 관한 사항 • 강의 수강생의 조합회원 가입에 관한 사항

[기획실장]

구분	세 부 내 용
성과책임	• 조합에서 응모하는 공모사업의 채택 가능성을 높인다. • 조합의 사업목적에 적합한 신규 사업을 발굴하여 조합의 수익을 높인다. • 조합의 지배구조와 업무수행 프로세스를 개선한다. • 조합원의 정리수납 교육 및 컨설팅 역량강화 활동을 지원한다.
업무분장	• 정부와 주요 기관의 공모사업을 모니터링한다. • 모니터링 결과 채택 가능성이 있는 공모사업은 이사장과 국장에게 보고, 협의한다. • 공모사업 신청서를 작성하고, 이사장과 국장에게 보고 후 응모기관에 제출한다. • 공모사업 진행 경과를 모니터링하고, 최종 채택까지 지원활동을 수행한다. • 조합의 수익을 창출할 수 있는 신규 사업을 발굴한다. • 조합의 사회적성과 측정, 평가지원, 관리 업무를 수행한다. • 유관기관의 책임자, 담당자들과의 업무유대 활동을 수행한다. • 이사장의 업무지시와 국장, 조합원의 업무요청 사항을 수행한다.

II

정리수납 이론과 비즈니스

01
정리가 필요한 이유

(1) 정리의 필요성

한 해, 두 해 지나면서 자녀의 출생 등으로 식구들이 늘어나면서 우리들의 집은 여러 가지 물건들로 가득 차기 시작한다. 물건을 살 때에는 꼭 필요해서 샀지만 어느 순간부터는 잡동사니로 변한다. 거실에는 자녀들의 책과 놀이기구, 아빠의 운동기구들이 자리를 차지하고 있다. 거실 서랍장에는 고장 난 전자제품들이 가득하고, 자녀들 방은 옷 무덤으로 변해있다. 집안의 각종 잡동사니들을 정리해야 한다는 생각은 있지만, 무엇을 어디서부터 정리해야 할지 엄두가 나지 않는다. 이러한 현상들이 일어나는 이유가 궁금하다.

우리는 물질 과잉의 시대에 살고 있다. 경제적인 어려움으로 절약 습관이 몸에 밴 우리 부모님 세대와는 달리, 다양하고 품질 좋은 물건들이 많은 쇼핑 과잉의 시대에 있다. 인터넷과 모바일의 정보통신 기술과 택배 물류의 결합으로 언제 어디서나 다양하고 유용한 물건들을 계속해서 사들인다. 이러한 물건들은 한정된 주거공간에서 자리를 잡지 못하고 이곳저곳에 쌓인다. 맞벌이나 단독 가구는 정리할 사람과 시간이 없다. 이렇게 우리의 삶의 공간으로 들어온 물건들은 사용하고 있거나, 중복되거나, 사용이 끝나거나, 고장 등의 이유로 이곳저곳에 쌓인다. 이렇게 방치된 잡동사니들은 '정체 운'과 '부패 운'[7]을 불러온다. '정체 운'은 앞으로 사용할 수도 있지만 사용하지 않을 가능성이 더욱 높은 물건들이 내뿜는 부정적 기운이다. '부패 운'은 사용하지 않는 오래된 책과 화분, 잡동사니와 그로인한 먼지에서 나오는 부정적 기운이다. 이렇게 우리의 건강을 위협하는 순환되지 않는 물건에서 나오는 부정적 기운을 몰아내고 건강하고 쾌적한 기운으로 가득 채우기 위해서는 우리들의 생활공간을 지속적으로 정리하는 노력이 필요하다.

(2) 정리하지 못하는 이유

우리는 물건을 살 때 이것이 '꼭 필요한 물건인지, 갖고 싶은 물건인지'를 심각하게 고려하지 않는다. 갖고 싶다는 생각으로 구입한 물건들은 우리들 공간 속 이곳 저곳에 잡동사니로 방치된다. 이러한 잡동사니들은 우리들이 정리하는 것을 어렵게 한다.

정리가 힘든 이유를 살펴보면, 첫째, 공간이나 본인이 사용하기에 물건이 너무 많다는 점이다. 둘째, 필요한 물건이나 불필요한 물건을 분류하는 기준이 없어서 잡동사니가 늘어나고 있는 점이다. 셋째, 지금 쓰는 물건과 쓰지 않는 물건들이 뒤섞여 있어 물건을 효율적으로 쓸 수 없다는 점이다. 넷째, 정리·정돈을 미룬다는 점이다.

---

[7] 야마시타 히데코, 《버림의 행복론, 斷捨離》, 박전열 옮김, 행복한 책장, 2011, p72~p84.

● 버리지 못하는 사람들의 유형

《버림의 행복론》의 저자인 야마시타 히데코(2011)는 버리지 못하는 사람들[8]의 유형을 '현실도피형', '과거집착형', '미래불안형'의 3가지로 구분하고 있다.[9]

'현실도피형'은 일이 너무 바빠서 집안에 있는 시간이 거의 없거나 매우 부족하여 정리할 시간이 너무 없는 사람들이다. 이러한 사람들은 집안이 정리가 되어 있지 않아 집에 있기 싫어서 의도적으로 약속을 잡아 외부에서 머무르는 것을 선호하는 부류의 사람들이다. 이러한 상황이 계속되면 더욱 집안 정리가 어려워지고 또다시 집안에 들어가기 싫어하는 악순환이 반복된다.

'과거집착형'은 더 이상 쓸 수 없는 과거의 물건들을 간직하고 있는 사람들이다. 사람들에게는 개인들의 추억이 담겨있는 물건들이 있다. 졸업관련 물건, 여행관련 기념품, 지인들로부터 받은 선물 등 본인의 추억이 담겨있는 물건들을 정리하지 않고 쌓아 두고 사는 유형이다. 예를 들어 연로하신 분들에게서 자녀들과의 추억이 담긴 빛바랜 사진이나 기념품 등을 간직하고 계신 분들을 볼 수 있다.

'미래불안형'은 미래에 다가올 위험에 대비할 목적으로 물건을 쌓아 두는 유형이다. 우리나라의 경우에는 천재지변에 따른 위험도 대비하는 것도 필요하지만, 주로 미래에 사용할 목적으로 물건을 쌓아 두는 경제적 절약형이 많은 편이다. 과거 식구들은 많고 가난했던 어려운 시절에 절약을 통하여 극복한 우리들의 선조들이 미래를 위하여 무작정 쌓아두는 경우가 이에 해당한다.

---

[8] 병적으로 버리지 못하는 강박적 저장장애(compulsive hoarding)를 가진 사람들을 호더(Horder)라고 한다.
[9] 야마시타 히데코, 앞의 책, p72~p84.

현실도피형	일이 너무 바빠서 집안에 있는 시간이 거의 없거나 매우 부족하여 정리할 시간이 너무 없는 사람들
과거집착형	더 이상 쓸 수 없는 개개인의 추억이 담겨있는 과거의 물건들을 간직하고 있는 사람들
미래불안형	미래에 다가올 위험에 대비할 목적으로 물건을 쌓아 두는 유형의 경제적 절약형의 사람들

<그림 2-1> 버리지 못하는 사람들의 유형

● **정리하지 못하는 사람들의 유형**

정리하지 못하고 많은 물건들을 쌓아 두는 강박적 저장장애 증상을 보이는 사람들 중에는 1인 가정, 장애우, 알콜중독 등 여러 가지 결핍(scarcity)으로 인한 경우가 많다. 최근 한국정리수납협동조합에서 실시한 자원봉사 결과를 토대로한 분석(2017)에 따르면 정리를 하지 못하는 사람들은 여러 가지 결핍 현상을 갖고 있는 것으로 나타났다. 이들의 결핍 유형으로는 '경제적 결핍', '육체적 결핍', '시간적 결핍', '관계적 결핍' 등으로 확인되었으며, 이로 인하여 '인지적 결핍'이 유발되어 '저장장애'로 나타났다는 점이 확인되었다.

결핍의 유형을 살펴보면 경제적 결핍은 개인이나 가족이 경제적 어려움을 겪고 있어 돈에 대한 강박증을 갖고 있는 경우이다. 육체적 결핍은 선천적 후천적 장애를 겪고 있으며 삶에 대하여 부정적 생각을 갖고 있는 경우이다. 예를 들어 알코올 중독이나 이로 인한 장기손상, 나쁜 습관으로 인한 건강 악화 등이 대표적인 증상이다. 시간적 결핍은 경제적 활동이나 사회활동으로 인하여 가정을 정리할 시간적 여유가 없는 경우에 나타난다. 관계적 결핍은 앞선 여러 가지 결핍 원인들과 복합적으로 나타나는 경우가 많으며, 독거생활을 하는 관계로 외로움에 의한 무력감으로 의욕을 상실하는 사람들에게서 많이 나타난다.

이러한 결핍 현상들은 인지적 결핍으로 집중된다. 인지적 결핍은 무력감과 정리에 대한 외면과 회피 등으로 나타나고 저장장애를 보이게 된다.

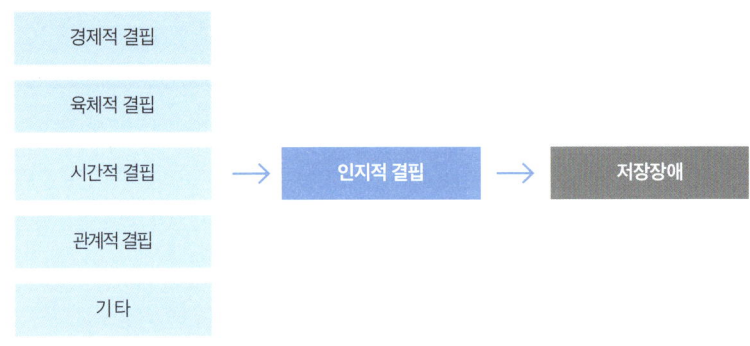

<그림 2-2> 정리하지 못하는 사람들의 원인

● **강박적 저장장애 (Compulsive Hording)**[10]

강박적 저장장애는 과도한 취득(excessive acquiring), 버리지 못함(difficulty discarding), 잡동사니(clutter), 저장장애로 인한 고통과 장애(distress and impairment due to hoarding)의 4가지 특징을 보인다.

과도한 취득(excessive acquiring)은 강박적 구매(compulsive buying), 공짜의 강박적 취득(compulsive acquiring of free things)

---

10) Gilliam, C. M., & Tolin, D. F. (2010). Compulsive hoarding. Bulletin of the Menninger Clinic, 74(2), p93.

또는 훔치기를 통한 물건의 취득과 모으기 등으로 구성된다. 이러한 특성을 지닌 환자들은 과도하게 지출하거나 쓰레기통을 뒤지는 행동으로 집으로 가져가기 위하여 물건들을 찾거나 가져오는 데 비정상적인 시간을 보낸다.

물건 버리기 실패(failure to discard possessions)는 강박적 저장장애를 가진 사람들이 다른 사람들에게 쓰레기나 잡동사니로 보여지는 것들을 포함한 물건들을 버리는 것을 못하거나 거부감을 갖고 있는 특징이 있다.

잡동사니(clutter)는 주거공간의 원래 목적을 방해하는 물건들을 의미한다. 많은 잡동사니는 침실에서 잠을 잘 수 없게 하고, 의자에 앉을 수 없고, 식탁에서 식사를 할 수 없게 한다.

저장장애로 인한 고통과 장애(distress and impairment due to hoarding)는 잡동사니로 인하여 요리, 청소, 집안에서의 이동, 취침 등의 활동에서 위험, 화재 문제, 무너짐, 가난, 건강위험의 문제가 발생하는 것을 의미한다.

<그림 2-3> 강박적 저장장애 4가지 요인

02
정리수납의 개념과 주요 이론

(1) 정리수납의 개념

우리의 주거와 생활 공간이 서구화되면서 치우던 시대에서 정리하는 시대로 바뀌게 되었다. 한옥의 각 방들은 식사, 대화, 학습, 침실 등 여러 가지 기능을 수행할 수 있는 복합 기능 공간으로 활용된다. 이와는 달리 아파트를 비롯한 현대적 주거 공간들은 침실, 주방, 옷장, 공부방 등으로 구분된 기능 중심의 공간이다. 이에 따라 주거 공간은 각 기능에 맞는 정리와 정돈, 수납이 필요하게 되었다.

'정리'는 필요한 것과 필요하지 않은 것을 구분하여, 필요하지 않은 것을 집밖으로 내보내고, 필요한 것은 제자리에 편리하게 수납하는 것이다. 한정된 공간에 새로운 물건이 들어오면 최소한 그만큼의 물건이 필요하지 않게 되고, 필요성을 상실한 물건은 집밖으로 내보내야 한다는 것이다. '정돈'은 어지럽게 흩어진 것을 규모 있게 고쳐 놓거나 가지런히 바로 잡아 놓는 것을 의미한다. '수납'은 사용하기 편리한 어떤 상태의 상황을 변함없이 보존, 계속 유지하는 것을 의미한다.

정 리	필요한 것과 불필요한 것을 구분하여, 필요하지 않는 것을 집밖으로 내보내는 것
정 돈	어지럽게 흩어진 것을 규모 있게 고쳐 놓거나, 가지런히 바로 잡아 놓는 것
수 납	사용하기 편리한 어떤 상태의 상황을 변함없이 보존, 계속 유지하는 것

<그림 2-4> 정리수납의 개념

(2) 정리와 심리적 현상

정리를 이해함에 있어서 공간을 어지럽히는 사람들의 심리적 현상에 대하여 고려하여야 한다. 이러한 현상을 설명하는 심리이론으로 행동유도성효과, 동조효과, 깨진유리창의 법칙 등이 있다.

● **행동유도성 효과 (affordance effect)**

행동유도성 효과(affordance effect)에 따르면 사람들은 어떤 행동을 할 때 이미 알고 있던 정보에 의하여 행동을 한다는 것이다. 일반적으로 사람들은 외부의 정보를 감각기관을 통하여 받아들여서, 그것을 합리적으로 지각하여 행동하는 것으로 생각한다. 그러나 어떤 경우에는 합리적으로 지각하여 행동하는 것이 아니라 외부 정보에 대하여 바로 행동하는 경우에 일어나게 된다. 예를 들어 정리가 잘 된 주방의 의자에는 옷을 걸어두지 않는 것과 같이 가족들을 가르치지 않아도 가족들은 정리된 것을 따라서 자연스럽게 정리하게 된다. 또한 사람들은 주차장에 주차를 하러 들어갔을 때, 감각적으로 주차선에 따라 가지런하게 주차를 한다.

● 동조효과 (conformity effect)

사람들은 하나 이상의 집단에 속해 있으며, 이러한 집단은 개인이 태도를 형성할 때 기준이 되거나 규범을 통해 개인의 행동을 강제하기도 한다는 것이다. 동조효과(conformity effect)는 이와 같이 집단의 압력에 의해 개인의 태도와 행동을 변화시키는 현상을 말한다.[11] 예를 들어 사람들은 횡단보도를 건너기 위하여 대기할 때 신호가 바뀌지 않았음에도 불구하고 어떤 사람이 건너려는 행동을 하게 되면 종종 무의식적으로 따라 움직이려 한다. 또한 횡단보도나 지하철 입구 등에 누군가가 처음에 커피를 마신 후 컵을 놓아두게 되면 다음 사람들도 따라하게 되고, 나중에는 많은 사람들이 쓰레기를 버리게 되는 현상을 목격하게 된다.

이러한 현상은 가정에서도 일어난다. 거실의 탁자 위가 깨끗하게 정리되어 있으면 가족들에게 심리적 압력으로 작용하여, 옷을 의자 위에 걸거나 소지품을 탁자 위에 놓던 행동을 멈추고, 탁자 위를 깨끗하게 유지하기 시작한다.

---

11) 김재휘, 《설득 심리 이론》, 커뮤니케이션북스, 2013.

- **깨진 유리창의 법칙 (Broken Windows Theory)**

사람들은 주변의 아주 사소하지만 정리되지 않은 환경의 영향을 받을 수 있다. 필립 짐바르도(Philip Zimbardo) 교수의 연구(1969)에 따르면 창문 유리창이 조금 깨진 차와 그렇지 않은 차의 보닛을 열어둔 채로 1주일을 방치하였다. 그 결과 창문 유리창이 깨진 차는 그렇지 않은 차에 비하여 거의 고철 상태에 가깝게 망가지는 큰 차이를 보였다. 이에 켈링과 윌슨(1982)이 '깨진 유리창 이론'이라고 처음으로 명칭을 붙였다.

우리들은 주변에서 이러한 상황을 자주 목격하게 된다. 거실에 아무렇게나 놓여있는 한두 가지 잡동사니가 있으면, 여기에 책과 어린이 장난감, 여러 가지 소지품이 놓이면서 어지럽게 변한다. 지하철이나 터널 등의 공용시설이 낙서로 인하여 주변 환경이 더러워지면서 우범지대화되어 범죄율이 높아지는 현상이 나타난다. 이러한 현상은 잡동사니를 치우고 낙서를 지우는 등 사소한 정리와 정돈에서 시작된다.

* 사진 : naver 포토뉴스에서 재인용

(3) 정리수납의 주요 원칙[12]

효과적이고 효율적인 정리수납을 위한 다양한 원칙들이 있다. 〈표 2-2〉에는 여러 가지 정리수납 주요 원칙들이 예시되어 있다. 이들을 유형별로 구분하면, 첫째, 자신과 가족의 마음가짐과 관련된 원칙(1, 2, 3)이 있다. 둘째, 정리수납 기술과 관련된 원칙(4, 5, 6, 7, 8, 9)이 있다. 셋째, 습관 형성과 관련된 원칙(10, 11)이 있다.

마음가짐	1. 정리수납은 "나"부터 시작한다. 2. 버리고 버리고 또 버린다. 3. 정리를 하기 전, 가족부터 동기부여를 한다.
정리수납 기술	4. "세 가지 분류 법칙"을 지킨다. 5. 소유할 물건에 기준과 가치를 부여한다. 6. 여유 있는 공간은 7·5·1 총량 규제의 법칙으로 한다. 7. 공간을 시스템화하고 유지가 잘 되는 정리수납을 지향한다. 8. 찾기 쉬우면서도 보기 좋게 수납한다. 9. 가족 모두가 공감하는 장소를 정한다. 10. 원터치 시스템을 구축한다.
습관형성	11. 하루 15분씩 반짝정리하기 12. 21일 습관, 66일 습관, 100일 습관 형성하기

<그림 2-5> 정리수납 주요 원칙

● 80:20 법칙(파레토 법칙)

80대20법칙 또는 파레토법칙(이하 파레토법칙)이라고 하는 이 법칙은 경제학자인 Pareto가 소득과 부의 관계를 연구하다가 발견하였다. 파레토법칙에 따르면 전체 결과의 80%는 전체 원인의 20%에서 일어난다는 것이다. 로타르 자이베르트는 한 사람이 약 1만개의

---

12) 야마시타 히데코, 앞의 책, p159~p193.; 한국정리수납협동조합,《정리수납 오거나이저 2급 양성과정》, 2017.

물건을 갖고 있으며, 실제 사용하는 것은 이 중 약 20~30%에 불과하다고 설명한다. 예를 들어 우리가 주로 입는 옷은 전체의 약20% 정도에 불과하며, 이 정도로도 충분할 수 있다는 것이다.

- 버리기 원칙

주거 공간을 효과적이고 효율적이며 안전한 공간으로 바꾸기 위해서는 집안에 쌓여있는 잡동사니들은 다음의 세 가지 버리기 원칙에 따라 과감하게 버려야 한다.

① 역할이 끝난 물건은 과감히 버려라.
② 방치된 물건은 과감히 버려라. (여분의 물건 포함)
③ 설레지 않는 물건은 과감히 버려라. (3초)

- 정리를 위한 4가지 종류의 상자 활용법[13]

① 쓰레기상자 (버릴 것, 뒤적이지 말 것)
② 재활용상자 (바자회 등에 보낼 것)
③ 통과용상자 (안방에서 자녀방 등으로 이동할 것)
④ 수리상자 (세탁소에 갈 옷, 수리해야 할 물건)

- 대 · 중 · 소 '세 가지 분류법칙'(3의 법칙)

3의 법칙에 따르면 사람들은 세 가지 정도의 정보가 주어졌을 때 가장 쉽게 받아들이고, 이를 가장 쉽게 기억한다는 것이다. 정리를 함에 있어서 공간별, 크기별, 종류별, 사용자별로 구분하여 대, 중,

---

[13] 아이젠 하워는 사무실 책상을 정리하는 방법으로 책상을 4등분하여 ①버려야할 구역 ②도움 받을 것이나 전달할 것 ③지금해야할 것 ④다른사람에게 넘겨야 할 것 등으로 정리정돈하였다. 윤선현(2012)

소 등 세 가지로 분류하여 수납하는 것이 효율적이다.

참고로 장이숙(2015)은 효과적인 수납을 위한 '수납의 6대 기본원칙'[14]으로 ①연상 수납 ②끼리끼리 수납 ③칸막이 수납 ④세로 수납 ⑤서랍식 수납 ⑥이름표 붙이기 등의 방법을 제시하고 있다.

● **총량 규제의 법칙과 교체의 법칙**

총량 규제의 법칙은 주로 에너지와 환경에 쓰이는 용어로, 물건의 총량을 조절하기 위하여 중요한 의미를 가진다. 주거 공간의 크기는 한정적이다. 한정적인 공간에서 쾌적한 생활을 영위하기 위해서는 수납이 가능한 물건의 총량을 임의적으로 설정하여야 한다. 이 기준을 고려하여 물건의 반입과 반출의 양을 고려하여야 한다.

총량 규제의 법칙과 함께 고려하여야 할 법칙으로 교체의 법칙이 있다. 교체의 법칙은 한정된 공간을 효율적으로 유지하기 위해서는 하나의 물건을 사면 최소한 두 개를 버려야 한다는 것이다. 두 개를 버리기 어려우면 최소한 하나는 반드시 버려야 한다는 것이다. 이렇게 하여야 수납공간이 효율적으로 유지되고 관리된다.

{ 7 · 5 · 1 법칙 }

7 : 70%만 수납을 하고, 나머지 30%는 물건의 통로

5 : 보이는 수납은 50%

1 : 보여주는 수납은 10% 정도의 최소화 (인테리어적 효과)
  예) 명품관은 하나만, 아울렛은 많은 물건을 전시한다.

---

14) 장이숙, 《돈 들이지 않는 수납·정리 살림 아이디어 300》, 마음상자, 2015, p30~p32.

● 원터치 & 자립 자유 자재의 법칙

원터치 법칙은 옷장이나 냉장고 등에 수납된 물건을 꺼내기 위해서는 ①문을 연다 ②꺼낸다 ③문을 닫는다의 3단계로 진행되는 것을 의미한다. 예를 들면, 냉장고가 효율적으로 정리되지 않은 경우에는 문을 열고, 원하는 물건을 찾는데 장시간 동안 여러 가지 물건을 꺼내고 원하는 물건을 확인한 후에 꺼낸 뒤, 물건들을 원위치 시킨 후에 문을 닫게 된다. 이 경우에 물건을 찾는 시간이 오랫동안 소요된다. 이를 예방하기 위해서는 냉장고에서 물건을 원터치 방식으로 꺼낼 수 있도록 냉장고 안의 물건들을 종류별로 정리하고, 라벨링을 하여 가족들이 알기 쉽게 수납하여야 한다.

● 하루 15분 '반짝 정리'[15]

정리정돈을 위해서 오랜 시간을 들이기는 어렵다. 자신이 사용한 물건은 미루지 않고 곧바로 제자리에 갖다 놓는 것이 가장 좋다. 바쁜 생활 속에서도 정리의 달인이 될 수 있는 방법으로 '반짝 정리'를 추천한다. 반짝 정리는 하루에 15분 정도의 짧은 시간에 정리를 마치는 효과적인 정리방법이다.

반짝 정리를 위하여 짬을 낼 수 있는 시간은 생각보다 많다. 아침에 일어나는 즉시, 세탁 중, 외출 전, 귀가 후 즉시, TV를 보면서, TV광고 중 이거나 프로그램 시작 전, 주전자 물이 끓기까지, 욕조에 목욕물이 찰 때까지, 취침 전 등 다양하게 활용할 수 있다.

반짝 정리로 할 수 있는 일들도 매우 다양하다. 현관에 어질러져

---

15) 문화출판국 편집부(일본), 《작은 집 두배 넓게 쓰는, 수납이 좋아》, 김혜정 옮김, forbook, 2011, p152-p155.

있는 구두를 정리한다. 거실에 벗어 놓은 옷을 옷걸이에 걸어 옷장에 넣는다. 거실에 놓여 있는 아이들의 옷가지와 가방을 제자리에 놓는다. 소량의 빨래를 갠다. 화장대 위의 화장품을 가지런히 정리한다. 세면대 주변의 세면도구를 정리한다. 거실에 있는 신문이나 잡지를 정리한다. TV 리모컨을 제자리에 놓는다. 버릴 우편물과 보관할 우편물을 구분하여 정리한다. 물기가 마른 식기를 선반에 정리한다. 책상위의 문구류를 정리한다.

- 21일 습관, 66일 습관, 100일 습관 형성하기

우리 뇌는 시냅스가 형성되지 않은 것에 저항을 한다. 즉, 우리가 하는 행동을 입력해 놓는 기억세포가 만들어지지 않았기 때문이다. 새로운 습관이 몸에 익힐 때까지 의식적으로 노력을 해야 하며 그 기간은 21일 정도가 소요된다. 새로운 습관을 뇌가 기억하는데 까지는 66일이 소요된다. 그리고 새로운 습관이 의식하지 않더라도 자연스럽게 내 것이 되기까지는 100일(약 3개월)의 시간이 걸린다.

(4) 정리수납 프로세스

효율적이고 효과적인 수납을 위한 프로세스는 다음과 같다.
① 가족 모두가 알 수 있는 수납시스템을 만든다.
② 물건의 양과 질을 체크하여 정말 필요한 물건만을 선택한다.
③ 좀처럼 사용하지 않는 물건은 과감히 처분하는 것도 필요하다.
1) 물건의 분류
  - 사용빈도 : 매일 사용, 때때로 사용, 1년마다, 2회사용

- 주거 공간 : 주방, 거실, 욕실, 베란다
- 사용자 : 아빠, 엄마, 자녀, 모두

2) 물건의 수납
- 사용자의 용도에 맞는 적절한 장소나 위치에 보관
- 자주 사용하지 않는 물건 : 위쪽이나 아래
- 모두가 사용하는 물건 : 거실 서랍장, 주방의 서랍장

3) 물건의 정리 상태 유지
- 사용한 물건의 제자리 찾기
- 목록작성 : 어디에 무엇이 있는지 적어 모두 아는 위치에 붙임(라벨링)

<그림 2-6> 정리수납 프로세스

(5) 정리수납의 효과

정리수납의 효과는 매우 크고 다양하다. 먼저 정리의 효율성과 경제적 효과를 확인할 수 있다. 첫째, 정리수납 후에는 원하는 물건을 바로 찾고 사용할 수 있어 시간과 비용의 절감 효과가 뛰어나다. 즉, 정리수납의 경제적 효과를 확인할 수 있다. 둘째, 필요 없는 물건을 정리하여 소비지출이 조절되고, 주거공간을 효율적으로 사용할 수 있다. 즉, 정리한 후에는 같은 종류의 물건을 함께 수납한 후에 남는

물건은 집밖으로 배출하여 공간을 효율적으로 사용할 수 있다. 셋째, 효율적인 수납시스템 구축으로 가족 구성원의 가사업무를 분담할 수 있다.

넷째, 정리수납을 통해 주거공간의 원활한 에너지(기)의 흐름을 확인할 수 있다. 즉, 정리를 통하여 긍정적기운을 느끼고 활동성을 회복하여 주변 사람들과의 관계를 회복하게 된다. 다섯째, 필요하지 않는 물건을 나눠주고 봉사활동을 통한 사회공헌을 할 수 있다.

정리수납의 효과

1. 정리수납 후 물건을 바로 찾고 바로 사용할 수 있어 시간과 비용의 절감효과
2. 필요 없는 물건을 정리함으로 소비지출이 조절되고, 주거공간을 효율적으로 사용
3. 효율적인 수납시스템 구축으로 가족 구성원의 가사업무 분담
4. 정리 수납을 통해 주거공간의 원활한 에너지(기)의 흐름
5. 필요하지 않은 물건을 나눠주고 봉사활동을 통한 사회공헌

03
정리수납 비즈니스의 현황과 전망

(1) 정리수납 비즈니스 개요

정리수납 관련 비즈니스는 국내외에서 강박적 저장증후군(compulsive hording)이 사회문제가 되고, 심플 라이프(Simple Life)와 미니멀 라이프(minimal life)에 대한 사람들의 관심이 증가하면서 6~7년 전부터 국내에 본격적으로 소개[16]되었다.

정리수납은 정리를 직업으로 하는 전문가(예, 한국정리수납의 오거나이저(Organizer))[17]들이 수행하게 된다. 이러한 정리 전문가들은 정리수납에 관한 소정의 교육과정을 이수하고 관련 자격증[18]을 취득한 후에 활동하게 된다.

미국에서는 1983년에 정리수납 전문가들로 구성된 단체인 NAPO(National Association of Professional Organizers)가 설립되었

---

[16] 한국정리수납협동조합 설립(2013년)
[17] 엘빈 토플러는 《제3의물결》에서 '우리의 일상생활을 이끌어 주는 데 도움이 되는 실천적인 사람이 필요'하다고 하면서 라이프 오거나이저(Life Organizer)의 등장을 예상하였음
[18] 2018년 1월말 한국직업능력개발원에 등록된 '정리' 관련 민간자격증발급기관은 60개임

다. 일본에서는 2008년에 정리수납 전문가 단체인 JALO(Japan Association of Life Organizers)가 설립되었다.

이와 같이 정리수납은 정리수납 전문가를 양성하는 교육, 정리수납을 배우고자 하는 일반인 대상 교육, 정리수납 전문가에 의한 컨설팅과 현장 서비스, 사회적 취약계층을 대상으로 하는 사회서비스로서의 봉사활동 등으로 구성된다. 지금까지의 정리수납 비즈니스는 일반인을 대상으로 하는 정리수납 교육이 대부분을 차지하고 있다.

<그림 2-7> 정리수납 비즈니스의 구성

(2) 정리수납 비즈니스의 특성

정리수납은 일반적으로 가정 내에서 주로 여성들에 의하여 행해지는 정리정돈과 수납을 가리키는 경우가 많다. 그러나 핵가족화로 인한 소인가구와 1인가구가 늘어나면서 정리수납은 특정 성 역할로 한정하는 것은 무리가 있다. 정리수납은 배우기는 쉬우나 실천하기 어렵다. 정리수납은 우리 생활 속에서 이루어지는 친숙한 활동이다. 그러나 조금씩 흐트러진 생활 속에서 쌓이는 잡동사니들은 도저히 혼자서 짧은 시간에 정리하기에 어려운 정도로 변한다. 매일 매일 조금씩 '15분 정리' 등의 습관화가 되면 실천이 매우 유용하다.

이러한 정리수납의 특성으로 정리수납 비즈니스도 세부 내용에 따라 여러 가지 특성들이 있다. 첫째, 정리수납 교육 비즈니스는 여성들을 주요 대상으로 교육대상이 제한적이다. 정리수납 교육은 정리 습관을 형성하고, 정리 수납의 원칙과 방법을 습득하는 것을 목적으로 한다. 따라서 교육내용이 주로 가정의 옷장, 주방, 거실, 책장, 기타 공간 등에 대한 정리와 정돈 수납이 이루어지므로 정리에 어려움을 겪고 있는 가정주부들과 직장 여성들이 주요 교육 대상이 된다. 최근에는 사업영역 확장을 위하여 정리수납을 배우려는 청소업을 수행하는 남성, 정리에 관심있으며 시간적 여유가 있고 생활정리(노전정리)에 대한 관심이 있는 시니어들도 많이 참여한다. 또한 청소년의 정리습관 형성이 학습과정에서의 집중력 향상과 자기관리 능력 향상에 대한 관심으로 청소년 대상 교육도 늘어나고 있다.

둘째, 정리수납 컨설팅 서비스 비즈니스는 폐쇄적이고 일회적 특성이 있다. 정리수납은 우리의 일상생활 공간에서 이루어지는 정리, 정돈, 수납 활동으로 친숙한 활동이다. 따라서 그 중요성이나 방법에 대해서 심각하게 고려하지 않는 특성이 있다. 그러나 핵가족과 1인 가구의 경우 혼자서 정리수납을 하기에는 어려운 상황에 놓여있는 경우가 많다. 이러한 가정이더라도 정리수납을 가정주부의 일로 정리되지 못한 것에 대한 책임이 있는 것으로 보는 가족들의 눈치로 정리수납 전문가의 컨설팅 서비스를 받기 위해서는 많은 용기가 필요하다. 정리수납 컨설팅 서비스는 한번 정리수납을 한 후에 정리된 상태를 잘 관리하면 정리된 상태가 오랫동안 유지될 수 있어 그 효과성과 효율성이 매우 뛰어남에도 불구하고 일반화된 시장으로 형성되기에 다소 어려움이 있다.

셋째, 정리수납 비즈니스는 확장성이 높다. 집안 정리가 전혀 되어있지 않은 호더 수준의 집은 정리수납만으로 문제를 해결하기 어렵다. 이러한 집들은 도배와 장판을 먼저 새롭게 한 이후에 정리수납을 하는 것이 효과적이다. 또한 벌레나 곰팡이들이 있을 가능성에 대비하여 위생 소독과 청소 비즈니스를 연계하여 진행하는 것이 더 바람직하다. 조합에서는 외부 기관의 지원을 받아 지역사회에 대한 사회서비스를 제공하는 목적으로 취약계층의 주거환경을 개선하는 비즈니스를 관련 사회적 기업들과 공동으로 진행하고 있다. 최근에는 식당이나 소규모 가게 등을 운영하는 자영업자들도 정리와 청소에 대한 관심이 높아지는 추세이다. 방문 고객들에게 보다 쾌적하고 안전한 공간을 제공하기 위하여 고객의 동선을 고려한 가구와 상품의 배치, 잡동사니의 배출, 기름때의 제거, 고객 휴식 공간의 제공 등의 노력을 기울이고 있다.

넷째, 정리수납은 장기적으로 가족들 모두의 정리하는 습관을 형성하게 하는 특성이 있다. 정리와 관련된 심리적 효과인 어포던스 효과나 깨진 유리창의 법칙 등에서와 같이, 일단 주거 공간이 잘 정리되어 있으면 가족들도 따르게 되어 좋은 유지 상태를 보인다.

최근에는 정리의 대상이 공간으로부터 시간과 관계 등으로 확장되는 추세에 있다. 예를 들어 시간을 효율적으로 활용하기 위한 시간정리, 생산적인 관계 형성을 위한 관계정리, 디지털 시대의 특성에 따른 메모리나 SNS의 정리를 위한 디지털 정리 등으로 확장되는 추세이며, 이와 관련한 교육과 관리 프로세스가 다양하게 개발되는 추세이다.

(3) 정리수납 컨설팅 비즈니스의 확장

최근에는 정리수납 컨설팅을 단독으로 서비스하는 형태에서 벗어나 다양한 형태로 발전하고 있다. 새로이 등장하고 있는 정리수납 비즈니스의 유형들의 특징으로 서비스 대상의 다양화, 서비스 빈도의 차별화, 서비스 제공방식의 복합화 현상을 볼 수 있다.

먼저 정리수납 서비스의 대상의 다양화 현상으로는 정리수납이 Home 중심에서 Shop, Office, 단체, 복지시설 등으로 확대되고 있다. 또한 정리수납 뿐만 아니라 정리수납과 관련된 크리닝 서비스로도 확대되고 있다. 이사 서비스와 연계하여 관련 청소와 정리수납 서비스가 확장되고 있다.

둘째, 정리수납 서비스의 빈도가 차별화되고 있다. 일반적으로 정리수납 컨설팅은 하루에 여러 정리수납 전문가들이 참여하여 서비스를 수행한다. 그러나 최근에는 1인 가구 등의 확대로 데일리 정리수납과 관련 청소, 정기관리 정리수납 서비스와 관련 청소로 서비스가 확대되고 있다.

셋째, 정리수납 서비스 제공방식이 복합화되고 있다. 정리수납 서비스 단독에서 관련 서비스가 가능한 크리닝, 소독 방역, 도배 장판 등과 함께 복합적으로 제공되는 형태로 발전하고 있다.

서비스 대상의 다양화	• 정리수납 (Home, Shop, Office, 단체, 복지시설 등) • 정리수납 + 관련 크리닝 • 정리수납 + 이사 + 관련 크리닝
서비스 빈도의 차별화	• 정리수납 • 정리수납(데일리) + 관련 크리닝 • 정리수납(정기관리) + 관련 크리닝
서비스 제공방식의 복합화	• 정리수납 • 정리수납 + 관련 크리닝 • 정리수납 + 관련 크리닝 + 소독 방역 • 정리수납 + 관련 크리닝 + 도배 장판 + 소독 방역

<그림 2-8> 정리수납 비즈니스의 확장

(4) 시니어 정리수납

저출산 고령화의 지속으로 시니어와 65세 이상의 고령인구가 계속 증가하고 있다. 통계청에 따르면 2016년 인구주택총조사 결과 전국의 60세이상 인구는 1,025만명으로, 65세이상 고령인구는 678만명으로 고령인구비율은 13.6%로 집계되었다. 시니어와 고령인구에는 부부 가구나 1인가구가 매우 빠른 속도로 증가하고 있다.

● **시니어 정리수납 유형**

시니어들의 삶은 은퇴를 전후로 크게 달라진다. 직장에서의 은퇴와 함께 자녀들의 독립, 건강의 변화, 사회활동의 변화들이 겹치는 시기이다. 과거와 다른 삶을 준비해야 하는 시기로, 가장 먼저 공간에 대한 정리가 필요하다. 시니어의 정리 방식은 〈그림 2-9〉에서와 같이 은퇴를 전후로 달라진다. 은퇴 전에는 액티브 시니어 생활을 준비하는 정리가 필요한 반면에 은퇴 후에는 고령생활을 준비하는 정리가 필요하며, 사망 이후에는 유품에 대한 정리가 필요하다.

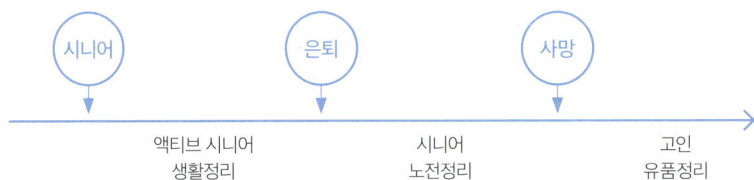

<그림 2-9> 시니어 정리수납 유형

연령에 따라 시니어들의 짐에 대한 정리의 주체가 달라진다. 본인이 아직 활동이 가능한 건강한 시기에는 본인의 판단에 따라 정리를 한다. 그러나 고령에 접어들면 건강 등의 이유로 직접 정리하

기가 어려워진다. 고령에 접어들수록 과거에 대한 추억의 소중함을 반추하면서 추억이 담긴 물건에 대한 소유욕이 더 강해지는 것을 볼 수 있다. 일반적으로 고물이라고 생각되는 물건에 대학 애착(attatchment)이 높아진다. 이때부터는 자녀들과 가족들이 시니어들의 마음을 고려하면서 정리해야 하는 시기이다.

자녀들이 떠나고 가족 구성원들이 줄어들면서 가장 먼저 해야 할 것은 삶의 공간을 줄이는 것이다. 자녀들과 함께 하면서 많은 가족들이 함께 사용했던 물건들의 종류와 개수를 줄여야 한다. 즉, 가볍고, 다루기 쉽고, 안전한 물건들을 사용하여야 한다. 이와 함께 그동안의 사회생활을 점검하고 관계를 줄여가는 노력도 해야 한다. 이를 통하여 쾌적하고, 안전하고, 경제적인 삶을 영위할 수 있다.

고령에 접어들면 삶을 다시 되돌아보면서 자신의 추억과 삶을 나누려는 노력에 집중해야 한다. 생전에 자신의 혼과 관계가 함께 담겨있는 물건을 가족이나 지인에게 나누어주면 큰 선물이 된다. 아직 사용가치가 있는 물건들을 재활용센터 등에 전달하면 필요한 사람들에게 유용하게 다시 사용될 수 있어 기부를 통한 만족도 얻을 수 있다. 자녀들이 상속문제로 서로 고통을 받지 않도록 단계적으로 준비를 해두는 것도 필요하다.

사망 이후의 정리는 유족들이나 지인 또는 관계자들에 의하여 수행된다. 고인이 사용하던 물건들을 하나씩 살펴보면서 처리하기가 매우 어려워 유품정리업체를 통하는 등 한꺼번에 폐기물로 처리하는 경우가 많다. 이 경우에는 유족들의 고통을 고려하여 유품정리업을 수행하는 전문가들이 재활용 가능성 들을 고려하여 정리에 참여하게 된다. 유족들이 너무 많은 짐들로 인하여 고통받지 않도록 하기 위해서는 미리 고장이 나거나 사용하지 않는 잡동사니들부터 다른 사람들에게 나누어 주면 잘 사용할 물건들을 분류하여 미리 정리하는 노력이 필요하다.

- **시니어 정리수납 비즈니스 확장 가능성**

시니어 정리수납 비즈니스는 고객의 정리수납 유형과 관련하여 여러 기관과의 협력이 가능하다. 시니어 노전정리 단계에서는 노인돌봄사업, 방문목욕서비스, 노인의류세탁, 의료서비스 등을 수행하는 사회서비스사업자와 연계하여 노전정리와 유품정리 비즈니스가 가능할 것이다. 시니어 유품정리 단계에서는 장례사업자, 유품정리 업자, 폐기물사업자 등과의 연계 사업이 가능하다.

시니어 유품정리는 노전정리 단계에서 본인 또는 가족과 유품정리 계약을 체결하면서 개시된다. 계약체결 내용은 시니어의 사후에 집행되기 때문에 공증을 하여야 효력이 발생한다. 이후 사망이후에 장례절차와 상속절차가 진행되면서 유가족의 지시에 따라 유품정리 업무를 수행하게 된다. 장례 후 상속단계에서 유품정리 계약이 체결되는 경우에는 공증의 절차가 필요 없이 유가족과의 계약에 따라 상속절차 진행시 유품정리 업무를 수행하게 된다. 유품정리는 환경관련 법률[19]에 따라 재활용이 가능한 물건과 폐기물로 구분하여 정리정돈을 수행하고, 기증 시에는 관련 서류를 유족에게 전달한다.

---

19) 환경관련 법률에는 폐기물관리법, 자원의 절약과 재활용 촉진에 관한 법률, 전기·전자제품 및 자동차의 자원순환에 관한 법률 등이 있다.

▶ 노전정리 단계에서의 유품정리 프로세스

▶ 장례 후 상속 단계에서의 유품정리 프로세스

<그림 2-10> 시니어 유품정리 프로세스[20]

(5) 어린이·청소년 정리수납

어린 시절이나 청소년기에 형성된 습관은 평생 동안 유지된다. 공부를 잘하는 학생들은 정리하는 습관이 형성되어 있어 '생각정리'를 잘한다고 한다. 자녀들이 정리하는 좋은 습관을 형성하게 되면, 학습의욕과 학습능력이 향상되고 자기 주도적으로 변한다.

● 어린이 정리습관의 형성과 효과[21]

어린이에게 정리습관을 갖도록 하는 이유는 무엇인가? 고마쓰 야스시(2012)는 집안이 정리가 되면 여유로운 공간이 생기고, 이런 집에서는 아이의 재능과 가능성을 이끌어내는 '계기'가 된다고 한다. 이러한 계기는 새로운 책이나 물건과의 만남이나, 정리를 통한 타인을 배려하는 마음을 통해 아이가 성장할 수 있다. 또한 성장한 후에 새로운 물건을 어디에 어떻게 정리할 것인가에 대한 문제해결능력을 키워준다.

이렇게 정리습관 형성을 통해 고마쓰 야스시(2012)는 3가지 능력

---

20) 장봉석, 《유산·유품정리사 들여다보기》, 노인연구정보센터, 2014.에서 정리
21) 고마쓰 야스시, 《공부 잘하는 아이의 정리습관》 이민영 옮김, 팜파스, 2012.

이 길러진다고 설명한다. 첫째, 필요한 것과 불필요한 것을 판단해서 우선순위를 정하는 '취사선택하는 능력'이 키워진다. 둘째, 정리하는 것을 나중으로 미루지 않고 '바로 실천하는 행동력'이 길러진다. 셋째, 한 가지 일을 꾸준히 계속하는 '집중과 지속의 능력'이 형성된다. 그 밖에 기대되는 효과로 학교 준비물을 깜빡 잊는 일이 없어지고, 수업시간의 집중력이 높아지며, 공부 부담이 줄어든다.

어떻게 하면 어린이의 정리습관을 형성하도록 할 것인가? 어린이들은 정리에 관심을 갖도록 재미와 흥미 중심으로 쉽고 짧은 교육과정이 효과적이다. 이 과정에는 부모와 함께 참여하는 것이 매우 중요하며 다음과 같은 방법이 효과적이다. '아이가 보는 앞에서 정리한다.' '번호순서, 키순서 등 순서를 의식하게 한다.' '물건의 수납 위치가 아주 명확하다.' '책가방의 어디에 무엇을 넣을지 철저하게 가르친다.' '물건을 제자리에 갖다 놓으면 "아주 훌륭하구나!"하고 반드시 칭찬한다.' '작게 나눈 수납상자에 물건을 넣도록 한다.' '무엇이든 차분하게 알려주고 반복 실천하도록 한다.'

● 청소년 정리습관 형성과 효과

청소년들에 대한 교육은 생각정리, 시간관리, 용돈관리, 책상정리, 책장정리[22], 옷장정리, 디지털정리 등을 중심으로 수행하되, 세수할 때, 잠자기 전, 학교에서 막 돌아와서 바로 정리하는 '15분 정리법' 등을 활용한 정리 방법과 실습에 대한 교육이 중요하다.

청소년들이 정리습관을 형성하게 되면 다음과 같은 변화가 예상

---

[22] 나루케 마코토(2015)는 《책장의 정석》에서 책장정리의 원칙으로 ①보기에 편해야 한다, ②80%만 채우고 20%는 여백으로 남겨둔다 ③승부수가 될 책만 둔다 ④다양성은 갖되 위화감을 없앨 것 ⑤언제나 변화할 것 등을 제안하고 있다.

된다. 첫째, 정리력을 기르면 학습능력이 높아진다. 즉, 책상을 정리하면 집중력이 높아져 공부의 효율이 높아지고, 생각정리를 잘할 수 있으며, 마음정리 능력이 생겨 정서적으로 안정된다. 둘째, 주변정리는 청소년의 재능을 이끌어 낸다. 생각과 마음이 정리되면 자신감이 생기게 되고, 창의적인 자아를 발견하게 되며, 관계정리를 통해 소중한 친구들과 좋은 관계를 유지하게 된다. 셋째. 정리습관을 기르면 자기관리 능력이 생긴다. 즉, 정리습관 형성을 통하여 미루기를 극복하고 행동하는 청소년으로 성장하며, 중요한 일과 중요하지 않은 것을 판단할 수 있으며, 시간관리 능력이 생기게 된다.

(6) 정리수납과 연계한 청소(크리닝)

정리수납은 청소(크리닝)과 매우 밀접하다. 청소의 정의를 살펴보면 '인간이 삶을 영위하는 사적, 공적 공간에서 더럽혀진 물건, 구조물, 건물 등을 깨끗이 하고 불필요한 물건을 골라서 버리거나 사용의 선·후를 정리하여 쾌적하고 살기 좋은 환경으로 만드는 행위'를 말한다. 이는 정리수납에서 '배출'의 과정은 동일한 행동이 이루어지고, 깨끗이 하는 행동에 대해서 차이가 있는 것이다.

주거공간은 매일하는 청소, 매주하는 청소, 매월하는 청소, 계절마다 하는 청소로 구분할 수 있다. 방, 마루, 부엌, 현관, 화장실 등의 더러워진 곳을 닦아내기 위해 매일 청소를 하여야 한다. 응접실이나 욕실 등은 한 주에 몇 번만 하면 된다. 한 달에 한 번만 해도 되는 것으로는 마룻바닥 왁스 칠하기, 유리창 닦기 등이 있다. 1년에 몇 번만 해도 되는 것으로는 다락, 벽장, 천장 등이 있다.

정리수납 컨설팅과 연계한 청소는 정리수납 컨설팅 유형에 따라 달라진다. 데일리 서비스는 매일하는 청소와 함께 수행하게 되고, 집 전체에 대한 컨설팅 서비스가 수행되는 경우에는 집 전체에 대한 수납공간의 청소[23]를 포함하여 수행하게 된다.

 정리수납과 청소의 순서는 일하는 공간의 상황에 따라 달라진다. 전 공간에 대한 청소를 일시에 하는 경우에는 모든 물건을 외부로 이동한 후에 청소를 하고, 이후에 정리수납을 하게 된다. 부분에 대한 청소를 하는 경우에는 청소를 하려는 공간의 물건을 일시적으로 다른 공간으로 이동한 후에 청소를 하고, 물건을 원상 복귀하여 정리수납을 하게 된다.

---

23) 청소방법은 먼지를 떨어내는 청소, 쓰는 청소, 윤을 내는 청소, 닦는 청소 등으로 나누어진다.

III
정리수납 오쿱 마케팅

01
마케팅 기초 이론

(1) 필립 코틀러의 CCDV-TP

> Philip Kotler의 마케팅 정의 : CCDV-TP
> - Create value. (제품이나 서비스의 가치를 창출한다.)
> - Communicate value. (창출된 가치를 알린다.)
> - Delivery value. (창출된 가치를 전달한다.)
> - Targeting and Positioning customer. (고객을 선별한다.)

마케팅의 대가인 필립 코틀러는 마케팅을 CCDV-TP로 요약하여 설명하고 있다. CCDV-TP는 Create value, Communicate value, Delivery value, Targeting and Positioning customer의 약자이다.

첫째, 회사나 단체는 타겟 고객을 대상으로 적절하게 포지셔닝된 제품이나 서비스를 제공하기 위하여 제품이나 서비스의 가치를 창출하여야 한다. 즉, 목표로 하는 고객에게 기업이나 사업자가 생산하는 제품이나 서비스를 어필하기 위하여 적합한 가치(가격, 프로세스, 품질, 시간, 기술 등)를 창출하는 것이다.

둘째, 이렇게 창출된 가치는 커뮤니케이션 활동을 통하여 알려 인지도는 높여야 한다. 좋은 가치의 제품이나 서비스라 할지라도 시장에서 고객들이 알지 못하고 필요성을 느끼지 못하면 인정받을 수 없다. 고객들이 알고 필요성을 느끼도록 하기 위해서는 타겟 고객에게 광고, 홍보 등을 통하여 자신의 제품과 서비스를 적극적으로 알리는 노력을 하여야 한다. 특히 인터넷과 모바일, SNS 등 발달된 IT정보통신기술을 활용한 개별적이고 즉시적인 커뮤니케이션은 매우 중요한 마케팅 수단이다.

셋째, 이렇게 목표고객에게 필요성과 인지도를 높인 이후에는 제품과 서비스를 원활하게 제공하여야 한다. 고객이 주문하였음에도 배송이 어렵다거나, 판매한 제품이나 서비스의 품질이 달라진다거나, 배송과정이나 서비스과정에서 문제가 생긴다거나, AS를 하지 않는다거나 하는 등의 문제가 일어나지 않도록 제품과 서비스의 품질관리와 전달에 최선을 다하여야 한다.

이와 같이 기업의 마케팅을 이해하기 위해서는 그 기업과 그 기업이 속한 산업의 핵심 제품이나 서비스에 대한 이해가 가장 중요하다. 특히 (예비)사회적기업이 시장에서 경쟁력을 확보하기 위해서는 핵심 제품과 서비스의 경쟁력이 가장 중요하다. 따라서 사회적기업들은 핵심 제품과 서비스의 개발에 매진하게 된다. 이렇게 개발된 제품과 서비스는 고객과의 커뮤니케이션 과정을 통하여 알려지고 고객에게 전달이 이루어지게 된다.

(2) 소비자의 의사결정 5단계

정리수납 마케팅 프로세스와 함께 고려하여야 하는 것은 소비자의 의사결정 프로세스이다. 소비자의 의사결정 프로세스는 다음과 같이 '문제인식', '정보탐색', '대안평가', '구매결정', '구매 후 평가'의 다섯 단계로 구성된다.

문제인식 단계에서는 소비자들이 자신이 가지고 있는 것과 원하는 것의 격차를 경험할 때 생긴다. 정보탐색 단계에서는 격차를 해소하기 위하여 하는 활동으로 구매전탐색(내적탐색, 외적탐색)과 진행적탐색 활동으로 구분된다. 대안평가 단계에서는 정보탐색 단계에서 확보한 정보를 바탕으로 여러 가지 대안을 평가하게 된다.

구매결정 단계에서는 자신의 내적상황(경제적상황 등) 외적상황 등을 고려하여 가장 타당한 것으로 결정하게 된다.

구매후평가 단계에서는 제품이나 서비스를 사용해 본 이후에 하는 평가로 긍정적 부정적 반응으로 나타난다. 긍정적 반응으로 구전이나 소개를 하게 되고, 부정적 반응으로는 부정적 구전이나, 불만토로, 수정요구 등이 있다.

<그림 3-1> 소비자 의사결정 5단계(전통적 모델)

(3) 고객의 발전단계

모든 마케팅은 고객에서 시작된다. 기업이나 개인이 제공하려는 제품이나 서비스를 준비하면서 목표 고객을 선정(Targeting)

하고, 이들을 대상으로 제공하려는 제품이나 서비스를 제공방식이나 내용 등을 구체화하게 된다. 우리 조합의 경우에는 표준화된 정리수납 교육, 컨설팅과 클리닝 서비스를 제공할 수 있다. 가장 중요한 것을 고객의 발굴이다. 고객은 조합, 조합원 모두 발굴하여야 한다.

고객은 개인인지 단체인지 여부에 따라 개인고객과 단체고객 또는 기업고객 등으로 구분할 수 있다. 또한 고객의 발전단계에 따라 잠재고객, 가능고객, 신규고객, 단골고객 등으로 분류할 수 있다. 고객들은 제품이나 서비스를 제공받았는지 여부에 따라 잠재고객, 가능고객, 구매고객, 단골고객 등으로 발전한다.

잠재고객이란 조합의 정리수납 교육이나 컨설팅, 청소대행 서비스를 받기를 원하거나 받는 것이 좋을 것으로 예상되는 기업이나 개인을 의미한다.

가능고객이란 잠재고객 중에서 제품이나 서비스의 필요성을 인식하고, 제품이나 서비스에 대한 정보를 탐색하려는 생각을 갖거나, 탐색행동을 하는 고객이다.

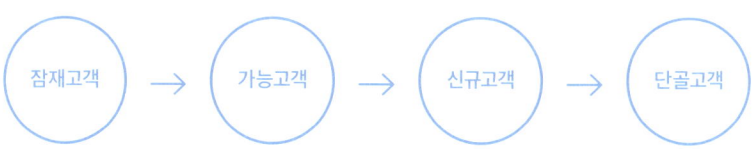

<그림 3-2> 고객의 발전 단계

02
오쿱 마케팅의 개념과 프로세스 5단계

(1) 정리수납

> 정리수납이란 삶에서 불필요한 것을 정리하고, 흐트러진 것을 가지런하게 정돈하며, 유용한 것을 효율적으로 수납하여, 행복공간으로 재탄생시키는 것이다.

정리수납이란 삶에서 불필요한 것을 정리하고, 흐트러진 것을 가지런하게 정돈하며, 유용한 것을 효율적으로 수납하여, 행복공간으로 재탄생시키는 것이다.

현대인들은 물질적 풍요 속에서 살아간다. 이러한 물건들은 시간이 지나면서 용도를 다하여 필요가 없게 되고, 한적한 공간에 쌓아두게 된다. 이렇게 쌓여지는 물건들은 점점 많아지게 되고, 더 많은 공간을 차지하게 되며, 먼지가 쌓이고, 벌레가 생기게 된다. 이렇게 공간을 차지하고 있는 물건들은 잠재적인 기회비용을 발생시키고 기의 흐름을 차단하게 된다. 이러한 물건들을 적절한 시점에 필요한 것은 선별하여 정돈하고, 불필요한 것들을 선별하여 외부로 배출하는 것이 필요하다. 외부로 내보내는 것들 중에서 사용이 가능한 것은 재활용 센터 등에 보내고, 사용이 어려운 것들은 폐기물로 버리게 된다.

불필요한 것들을 외부로 내보내고 나면 어지럽게 흐트러져 있는 것들을 가지런하게 정리하여야 한다. 또한 현재 유용하게 사용하고 있는 것들을 중심으로 사용하기 편리하게 현재의 생활공간에 맞게 효율적으로 수납하여야 한다. 이렇게 함으로서 생활공간은 기가 원활하게 흐르게 되어 쾌적하고 행복한 공간으로 재탄생하게 된다.

(2) 정리수납 컨설팅(코칭 + 서비스)

> 정리수납 컨설팅이란 정리수납 오거나이저(Organizer)가 고객의 행복한 삶을 위하여 정리수납에 관한 코칭과 서비스를 제공하는 과정이다.

정리수납 컨설팅은 소정의 교육과정을 이수한 후에 자격을 획득한 전문가인 정리수납 오거나이저에 의하여 수행된다. 한국정리수납협동조합에서는 정리수납 오거나이저 2급, 1급, MO(Master Organizer)과정을 운영하고 있다.

정리수납 오거나이저는 고객과 적극적인 커뮤니케이션을 수행하여야 한다. 고객들은 생활공간의 정리 정돈 필요성은 인지하나 어떻게 하여야 할지 어려워한다. 용도가 다하거나 사용하지 않는 물건들에 대하여 개인적인 추억이나 미래의 사용 가능성을 고려하여 외부로 배출하는 것을 망설이게 된다. 이러한 경우에 정리수납 오거나이저는 고객의 심리상태를 고려하여 불필요한 물건의 배출 필요성 등을 조심스럽게 설명하여야 한다. 또한 쾌적한 삶을 위하여 흐트러진 물건들의 효율적인 정돈과 수납을 위하여 고객과의 커뮤니케이션을 하여야 한다.

정리수납 오거나이저는 컨설팅을 제공함에 있어 컨설팅 팀장은 코칭을 수행하고, 팀원은 팀장과 협력하여 정리수납 서비스를 제공하게 된다. 팀장은 컨설팅을 원하는 고객을 사전에 방문하여 일정과 컨설팅 범위를 정하게 된다. 이때 정리수납을 필요로 하는 공간에 대하여 양에 따라 견적서를 이용한 견적 금액을 산출하고, 고객의 확인을 받게 된다. 고객의 동의가 이루어지면 컨설팅 일정에 따라 조합원에게 공지하고 팀원으로 참여할 조합원을 공모하게 된다. 팀원들은 팀장의 지휘에 따라 자신이 맡은 공간에 대하여 정리, 정돈, 수납, 클리닝 서비스를 수행하게 된다.

(3) 오쿱 (정리수납) 마케팅

> 오쿱 (정리수납) 마케팅이란 조합과 조합원들이 개인과 기업 고객을 창출하고, 조합의 사업목적인 정리수납 교육과 컨설팅, (홈, 오피스) 클리닝 서비스를 제공하여, 고객만족을 통한 수익을 창출하는 과정이다.

한국정리수납협동조합이 제공하는 서비스의 가치는 정관의 목적사업에 구체적으로 명시되어 있으며, 다음과 같이 세 가지로 구성되어 있다. 첫째는 정리수납 관련 교육과 컨설팅, 둘째는 정리수납용품 및 자재의 유통, 셋째는 정리수납과 관련된 (홈, 오피스) 클리닝 서비스이다. 첫째와 둘째 목적사업은 정리수납 컨설팅의 의미에서 살펴본 바와 같다. 셋째의 (홈, 오피스) 클리닝 서비스는 정리수납과 연계하여 주거 공간이나 사무 공간에 대한 클리닝 서비스가 필요한 경우에 직접 또는 외부 전문가와 함께 실행하게 된다.

정리수납 마케팅은 조합과 조합원 모두가 조합의 목적사업을 실행하기 위하여 수행하는 활동이다. 즉, 조합과 조합원들은 개인과 기업고객을 발굴하고, 이들을 대상으로 정리수납 교육과 컨설팅, 클리닝 서비스의 견적보기, 계약체결, 교육/컨설팅/클리닝의 실행, 사후관리 등의 프로세스를 체계적으로 수행하는 과정이다. 이렇게 제공한 서비스의 대가로 조합과 조합원은 수익을 창출하게 된다.

정리수납 마케팅을 효과적이고 효율적으로 수행하기 위해서는 마케팅 프로세스에 대한 전체적인 이해와 각 단계에서의 효과적인 마케팅 기법을 이해하고 적용할 필요가 있다.

<표 3-1> 조합의 정관 목적과 사업의 종류

정관 제2조(목적)
한국정리수납협동조합은 자주적 · 자립적 · 자치적인 조합 활동을 통하여 지역의 취약계층에게 일자리 창출 및 사회서비스 제공 등 지역사회에 기여함을 목적으로 한다.

사업자등록증의 사업의 종류(업태)
① 정리수납관련 컨설팅, 교육(서비스업)
② 정리수납용품 및 자재(도소매업)
③ 청소대행서비스(서비스)

(4) 정리수납 마케팅 프로세스 5단계

정리수납 마케팅은 〈그림 3-3〉에서와 같이 5단계로 수행된다. 정리수납 마케팅 프로세스는 고객발굴, 방문상담 & 견적, 계약체결, 교육/컨설팅/청소대행 서비스 실행, 사후관리로 구분된다. 이러한 프로세스는 단계별로 독립적으로 수행되기도 하고, 몇몇 프로세스는 상황에 따라 통합되어 수행되기도 한다.

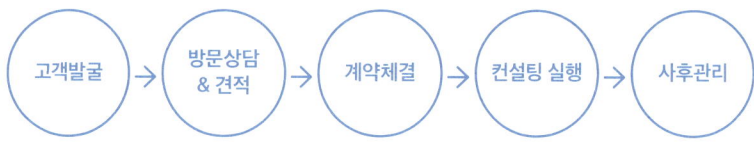

<그림 3-3> 정리수납 마케팅 프로세스 5단계

1) 정리수납 교육에서의 잠재고객 발굴

정리수납 교육 서비스의 제공을 위한 주요 잠재고객은 시청, 구청, 주민센터, 문화센터, 농협, 봉사단체, 여성단체, 기업 등 정리수납 오거나이저 교육이 필요한 정부나 일반 단체나 기업이 된다.

잠재고객을 어느 정도 발굴해야 하는가는 소위 잠재고객 발굴을 위한 깔데기 이론으로 설명할 수 있다. 깔데기 이론에 의하면 많은 잠재고객을 확보하여야 잠재고객들이 가능고객이 되고, 신규고객이 되고 단골고객이 되므로 적정한 잠재고객을 확보하기 위한 마케팅 활동에 많은 노력을 기울여야 한다고 한다.

예를 들면 월간 강의를 목표로 하는 교육단체 1~2개를 발굴하기 위해서는, 잠재고객 100개 단체와 접촉을 하여, 10여개 단체를 가능고객으로 확보하여야 한다. 단체의 강의계획을 확정하기 위해서는 소정의 의사결정 기간과 예산확보 기간이 소요된다는 점을 고려하여야 한다. 따라서 조합원의 경우 자신이 계획하는 교육과정 수요가 적절하게 일어나도록 어느 시기에 어느 정도 활동하여야 하는지에 대하여 생각해 볼 수 있을 것이다.

- **잠재고객에 대한 커뮤니케이션 수행**

잠재고객을 대상으로 조합을 알리기 위한 지속적인 활동이 필요하다. 잠재고객을 선별하고, 이들에 적합한 방식으로 주기적(주간, 월간, 분기 등)으로 커뮤니케이션을 하여야 한다.

먼저 정부 단체의 경우에는 구청, 주민센터, 사회적경제센터 등의 담당부서, 담당자, 조직장 등 조직구조와 역할을 파악하여야 한다. 이들을 대상으로 면담일정을 마련하거나 이메일 등으로 면담신청을 한다.

면담일정이 마련되면 조합을 소개하고 해당 조직의 사업계획에 적합한 교육프로그램으로서 정리수납 교육내용을 설명한다. 또한 담당자와 조직장을 종종 만나서 친분을 쌓아가는 과정이 매우 중요하다. 지역사회의 여러 가지 프로그램에 참여하거나 활동하는 종교단체 등에서 지인들의 도움을 받는 것은 매우 중요하다.

- **교육과정의 협의, 홍보 및 사후관리**

담당자와의 교육과정에 대하여 강의제안서를 제출한다. 이를 토대로 담당자와의 협의를 통하여 교육대상, 교육기간, 교육장소, 교육방법 등에 대하여 구체적으로 설계하게 된다. 교육과정에 대한 협의가 이루어지면 교육생을 모집하기 위하여 다양한 홍보활동을 수행하여야 한다. 예를 들어 구청의 소식지나 구청 홈페이지, 구청 이메일, 기존 교육생들에 대한 소개의뢰 등을 활용하여 적극적으로 홍보를 한다.

교육과정이 마무리되면 교육내용이나 강사 등 교육품질에 대한 설문을 하여야 한다. 교육 참여자뿐만 아니라 교육기관의 담당자에 대하여 다른 기관이나 단체를 소개해 주시도록 부탁하여야 한다. 소위 구전마케팅(Viral Marketing)을 적극적으로 하여야 한다.

<표 3-2> 정리수납 교육과정 운영 프로세스

순서	교육과정
1	교육대상 잠재고객(단체, 기업 등) 파악
2	담당부서 담당자, 조직장 등 조직구조 및 역할 파악
3	담당자 및 담당부서 조직장과 접촉 (전화, 이메일, SNS, 소개 등)
4	조합 및 교육과정 소개 (리플릿, 교육제안서 등)
5	교육과정 설계 (교육대상, 시간, 장소, 방법 등)
6	교육실행 및 평가
7	추가 교육과정 운영 협의와 소개 의뢰 (Viral Marketing)
8	교육과정 종료 후 사무처리

2) 정리수납 컨설팅에서의 고객의 발굴

● 정리수납 소비자의 의사결정 단계

정리수납에서도 소비자 의사결정 5단계를 고려하여 마케팅 활동을 추진하여야 한다. 문제인식 단계에서는 잠재고객들이 정리수납의 필요성과 가치를 인식할 수 있도록 여러 차례에 거쳐 단계적으로 또는 상황에 따라 기사, 사진 등의 정보를 적절히 제공한다. 이러한 과정에서 정리수납의 중요성과 필요성을 이해하고, 컨설팅 비용에 대해서도 고민을 하게 된다.

정보탐색 단계에서는 정리수납의 가치와 내용에 대한 정보탐색과 비용에 대한 정보탐색을 하게 된다. 이 단계에서도 기사, 사진 등의 정보는 유용하며, 정리수납 교육에 참여하였거나 컨설팅을 받은 지인들의 추천을 고려하게 된다. 또한 정리수납이나 저장강박 증상에 대한 방송, SNS 등의 정보를 탐색하고, 사진 등을 통하여 그 효과를 인식하게 된다.

대안평가 단계에서는 정리수납의 가치와 함께 비용을 고려하게 된다. 조합이나 조합원에게 비용을 질문하게 되고, 목돈을 지출하여야 하는 경우에는 정리수납의 효과에 대하여 불안감을 갖게 된다.

구매결정 단계에서는 정리수납 전문가의 도움을 받아 견적을 산출하게 된다. 이 때에 정리수납의 필요성에 대하여 다시 강조하고, 앵커링 효과에 따라 적절한 금액을 먼저 제시한 후에 할인하는 형식으로 견적을 산출하는 것이 고객에게 가장 높은 심리적 가치를 제공하게 된다. 물론 신뢰를 확보하는 것이 가장 중요하다.

마지막으로 정리수납 컨설팅을 실행하게 되고, 실행 이후에 대한 사후평가가 진행된다. 사후평가시에 고객의 의견을 구체적으로 경청하고, 프로세스나 개선 사항에 대하여 즉시 조치를 하는 것이 가장 중요하다. 만족도를 고려하여 다른 고객의 소개를 부탁하는 것 또한 중요한 과정이다. 고객들은 주변의 친한 분들의 적극적인 권유를 통하여 정보를 확보하는 것을 가장 신뢰하는 경향이 있다.

<표 3-3> 정리수납 컨설팅 잠재고객 발굴 및 운영 프로세스

순서	운영과정
1	컨설팅 대상 잠재고객(개인, 단체 등)의 확보
2	컨설팅을 위한 방문상담 및 견적 산출
3	컨설팅을 위한 계약 체결
4	컨설팅 실행 및 평가
5	컨설팅 사후관리 및 소개 의뢰 (Viral Marketing)
6	컨설팅 종료후 사무처리

● 잠재고객 발굴

정리수납 컨설팅을 수행하기 위해서는 개인과 단체를 대상으로 잠재고객 발굴을 위한 주기적인 활동(일간, 월간, 분기 등)을 체계적으로 수행하여야 한다. 개인 고객을 발굴하기 위해서는 본인의 지인(학연, 혈연, 지연 등)을 활용하여 잠재고객을 확보하여야 한다. 이를 위하여 적극적으로 본인의 직업을 소개하고 컨설팅의 효용성을 리플릿이나 SNS 등을 통하여 니즈 창출을 위한 정보를 제공하여야 한다.

● 일일/주간/월간 활동관리

조합원들은 본인의 비즈니스 성과를 창출하기 위하여 일일/주간/월간 활동관리를 하여야 한다. 일일 활동관리는 일일 활동계획, 활동내용, 활동내용에 대한 평가로 구성되며, 연락할 고객, 방문계획, 강의일정 등을 구체적으로 명시한다. 주간 활동관리는 일일 활동관리를 토대로 작성하되, 주간계획, 활동성과에 대한 평가를 중심으로 작성한다. 월간 활동관리는 월간계획과 월간활동성과에 대한 평가를 중심으로 작성한다.

<표 3-4> 일일, 주간, 월간 활동관리 내용

구 분	세부내용
일일 활동관리	• 일일 활동계획에는 면담계획, 강의계획, 방문계획 등을 포함 • 활동 내용에는 활동내용과 결과를 가급적 구체적으로 기록 • 활동 결과에 대한 평가에는 계획의 완료여부, 활동내용에 따른 향후 활동계획 반영 여부 등을 기록 • 일일 활동결과에 따른 사무처리 진행상황과 결과를 확인
주간 활동관리	• 주간 활동계획에는 한 주간의 방문목표, 강의목표를 정리 • 주간 활동내용에는 일일 활동결과를 토대로 주간 활동목표의 달성여부, 다음 활동계획에 반영 필요사항 등을 기록 • 주간 활동결과에 따른 사무처리 진행상황과 결과를 확인
월간 활동관리	• 월간 활동계획에는 한 달간의 방문목표, 강의목표를 정리, 월간 중점적으로 추진한 방향성을 중심으로 기록 • 월간 활동결과는 일일 활동결과와 주간 활동 결과를 토대로 월간 활동계획의 달성여부, 향후 활동계획에의 반영사항 등을 구체적으로 기록 • 월간 활동결과에 따른 사무처리 진행상황과 결과를 확인

3) 방문상담 및 견적 산출하기

● 정리수납 컨설팅 견적 보기와 계약서 작성

정리수납 컨설팅을 수행하려는 경우 팀장은 컨설팅 전에 고객을 방문하여 정리수납 컨설팅 견적 및 계약서 양식 〈표 3-5〉를 활용하여 작성한다. 컨설팅 담당 팀장은 고객의 상황을 고려하여 업무의 범위와 내용을 확정하여 견적을 산출한 이후에 고객의 동의를 구한다.

4) 컨설팅 실행

정리수납 컨설팅은 팀장의 주도하에 진행된다. 정리수납 컨설팅 팀장은 정리수납 오거나이저 Master과정을 졸업하고 자격을 취득한 Master 오거나이저가 된다. 각 팀장은 컨설팅 고객과의 사전면담 및 견적보기, 팀 구성, 컨설팅 후 A/S, 컨설팅 후 사무처리를 수행한다.

컨설팅은 Master과정에서 교육받은 정리수납 컨설팅 프로세스에 따라 진행하게 된다. 먼저 팀장은 고객과의 컨설팅전 사전 면담을 통하여 업무범위를 견적서에 따라 확정하고 계약금액을 수령한다. 팀장은 컨설팅 의뢰 내용에 따라 팀원을 구성한다. 예를 들어 팀장1, 주방1(부팀장), 냉장고1, 옷장2, 기타1(교육생) 등으로 명확히 구분하여 팀원을 구성한다.

컨설팅 과정 중에는 각 팀원들이 맡은 업무를 빈틈없이 수행하도록 안내하고 그 결과를 확인하여야 한다. 컨설팅 과정에서 심리적으로 가장 어려운 상황에 처한 분은 바로 고객이다. 팀장은 항상 컨설팅 진행과정 중에 고객의 심리적 상황을 이해하고 배려하면서 팀원들의 진행상황을 확인하여야 한다.

<표 3-5> 정리수납 컨설팅 견적 및 계약서 (견본)

정리수납 컨설팅 견적 및 계약서

Serial No :

고객 정보	고객명		생년월일	
	이메일		H.P	
신청 정보	이용자		TEL	
	주소			
	평수		가족수	
	견적일		계약일	
	작업일		작업시	

작업 공간	작업 물량	작업 난이도	작업 조건/고객요구 사항
□ 침실&옷장( )자	□대 60만원 □중 50만원 □소 40만원	□강 □중 □약	8자장롱, 서랍장5만원 추가
□ 드레스 룸	□대 60만원 □중 50만원 □소 40만원	□강 □중 □약	
□ 방( )	□대 □중 □소	□강 □중 □약	
□ 주방	□대 45만원 □중 40만원 □소 35만원	□강 □중 □약	ㄱ자주방 기준, 아일랜드식탁
□ 냉장고	□대 20만원 □중 15만원 □소 10만원	□강 □중 □약	양문형냉장고
□ 김치 냉장고	□대 □중 10만원 □소	□강 □중 □약	1대
□ 거실	□대 25만원 □중 20만원 □소 15만원	□강 □중 □약	책장 5만원추가
□ 서재	□대 30만원 □중 20만원 □소 10만원	□강 □중 □약	
□ 현관&신발장	□대 □중 □소	□강 □중 □약	
□ 아이방	□대 40만원 □중 35만원 □소 30만원	□강 □중 □약	책장,옷장포함
□ 베란다(앞/뒤)	□대 20만원 □중 15만원 □소 10만원	□강 □중 □약	
□ 다용도 실	□대 □중 □소	□강 □중 □약	
가구 배치	□Yes □No	기 타1	
청소 도우미	□Yes □No	기 타2	
쓰레기 수거	□Yes □No	기 타3	

작업 현황	작업 인원		작업 시간	
	수납 용품		고객준비물	종량제 봉투(100L) 개, 중식
총 견적 견적 비용			견적 담당자	

* 기타 사항 :
1. 비용[현금,신용카드]은 당일 지급해야 하며, 계약금은 총금액의 10%입니다.
2. 귀금속등 귀중품은 컨설팅전 별도 보관하셔야 하며 분실시 책임지지 않습니다.
3. 기본작업시간은 8시간입니다. (단, 초과작업시 1인 1시간당 15,000원)

[개인정보,수집이용,제공 동의서]
1. 개인 정보의 수집이용 내역 및 보유, 이용기간

수집항목	이용목적
이름, 생년월일, 주소, 전화번호, e-mail, 작업사진	고객 식별, 본인확인, 요금청구/정산, 품질관리,A/S, 신상품 또는 제휴사가 제공하는 상품및 서비스의 소개, 작업사진 게재 및 활용, TM등 마케팅 활용
서비스명, 이용기간, 이용금액	
납부자의 금융기관(카드사)명/예금주(카드명의자)명 주민번호, 계좌번호(카드번호)	제휴 사업자의 요금정산 은행/카드 자동이체 등록을 위한 계좌/카드 실명조회, 요금납부업무, 채권 수심을 위한 연체정보제공, 은행자동이체 및 신용카드 자동이체 출금

2. 개인정보 취급 위탁 현황
  수탁자 : 한국정리수납협동조합 등 전 지부
  위탁업무 : 고객유치, 서비스제공 A/S, 상담, 신상품 소개등
  취급업무 : 위탁업무를 수행하는데 필요한 개인 정보의 수집, 보관, 처리, 이용

본인은 한국정리수납협동조합의 이용고객으로서 귀 조합의 제휴업체로부터 다양한 혜택과 받는 것에 대해 동의합니다. 본인은 한국정리수납협동조합 홈페이지(www.ocoop.or.kr) 회원가입 및 입력 시스템 활용에 동의합니다. 개인정보 보유 및 이용기간은 당 조합의 제휴업체의 이용 목적 달성 또는 계약 해지 시까지 입니다.

20   년   월   일

고객서명 :

서울시 송파구 문정로 246 송파구사회적경제지원센터내 02448-6828   양식-ocoop-201801

정리수납 컨설팅이 마무리되면 고객의 확인을 받고 컨설팅 결과보고서에 확인을 받는다. 그리고 잔금을 수령하고 감사인사와 고객을 소개해줄 것을 부탁한다. 이때 고객의 심리적 안정을 위하여 마지막 배출까지 깔끔하게 완료하고 철수하여야 한다. 컨설팅 팀장은 정리수납 컨설팅을 완료한 이후에 발생할 수 있는 A/S까지 책임감을 갖고 수행하여야 한다.

5) 사후관리

정리수납 컨설팅을 완료한 후에는 관련 사무처리를 하여야 한다. 팀장은 컨설팅 진행과정 및 결과에 대하여 컨설팅에 참여한 팀원들과 리뷰를 한 후에 컨설팅 결과를 조합(이사장)에 보고한다. 그리고 팀장은 컨설팅 지출결의서를 작성하여 조합 메일로 제출한다. 컨설팅 과정에서 고객의 동의를 얻어 촬영한 컨설팅 전후 비교사진은 보기 좋게 편집하여 조합의 카페에 등록한다.

03
오쿱 마케팅 MIX와 활용

(1) 오쿱 브랜드

조합에서는 조합의 정체성을 확립하고 다양한 커뮤니케이션을 위하여 오쿱 브랜드를 상표출원하였다.[24] 오쿱 브랜드는 오쿱, 홈 오거나이저스쿨, 오쿱 오거나이저스쿨, 한국정리수납협동조합으로 다양하게 활용된다.

오쿱은 가장 간략한 브랜드 형태로 정리수납 컨설팅 계약서류나 안내장 등에 사용된다. 오쿱 오거나이저스쿨은 조합에서 운영하는 교육과정의 전체를 나타내며, 교육안내시와 교육용 슬라이드 등에 사용된다. 한국정리수납협동조합 브랜드는 정부관련 업무나 계약관련 업무, MOU체결시에 사용된다.

---

24) 오쿱 브랜드 상표출원 (1-1-2014-5015731-12)

<표 3-6> 오쿱 브랜드 현황

브랜드명	로 고	활용방안
오쿱	OCOOP	정리수납 컨설팅 계약서류, 안내장 등
오쿱 오거나이저스쿨	OCOOP ORGANIZER SCHOOL 한국정리수납협동조합	교육, 교육안내, 교육슬라이드
한국정리수납협동조합	OCOOP 한국정리수납협동조합	정부관련, 계약관련, MOU 등

(2) 오쿱 오거나이저스쿨 교육과정

조합에서는 정리수납에 관한 교육을 위하여 오쿱 오거나이저스쿨을 운영하고 오거나이저 양성과정을 운영하고 있다. 오거나이저 양성과정에는 기초과정인 2급과정, 체계적인 기술습득과정인 1급과정, 정리수납 전문컨설턴트 양성과정인 오거나이지과정, 전문강사를 양성하는 MO(Master Organizer)과정으로 구분하여 운영하고 있다.

<표 3-7> 오쿱 오거나이저스쿨 교육과정

교육과정	세부 운영 기준
2급과정 (기초과정)	• 교육기간 : 1회 2시간, 4회 (조정 가능) • 이수기준 : 교육과정 이수, 검정시험 합격, 과제물 제출
1급과정 (기술습득과정)	• 교육기간 : 1회 5시간, 8회 (40시간) • 이수기준 : 교육과정 이수, 현장실습,과제물 제출, PPT작성 · 발표 • 2급과정 이수자만 등록 가능
오거나이저과정 (전문 컨설턴트 양성)	• 교육기간 : 2개월 • 이수기준 : 이론 40시간, 현장실습 5섹션, 4회 롤플레잉 • 2급과정 이수자만 등록 가능
MO과정 (전문 강사양성)	• 교육기간 : 6개월 (24주) • 이수기준 : 이론 24주, 청강 60시간, 필독서 20권, 현장실습 50섹션, (재능기부 5회 포함) • 1급과정 이수자만 등록 가능

(3) 오쿱 정리수납 컨설팅 서비스

조합에서는 다양한 정리수납 컨설팅 서비스를 제공하고 있다. 가장 기본적인 정리수납 서비스로는 하루(1일 8시간)에 모든 집 정리를 마무리하는 '정리수납 컨설팅 서비스'가 있다. 이 서비스는 일반가정/1인가구/맞벌이/시니어 등 가정의 정리수납 컨설팅과 학원/사무실, 관공서/병원/기업체/점포, 학교/도서관/리조트 등 기업이나 단체를 대상으로 수행한다.

컨설팅 서비스를 경험한 고객들은 지속적으로 생활공간이 정리된 상태를 유지하고자 함에 따라 주방, 거실, 베란다, 화장실 등 공용공간을 대상으로 하는 1회 4시간 기준의 '정리 정기관리 서비스'를 제공하고 있다.

일상생활에서의 다양화된 생활패턴에 적합하도록 고객의 시간에 적합하도록 직접 방문하여 레슨과 정리 서비스를 동시에 진행하는 1일 4시간 기준의 '정리 레슨 서비스'를 제공하고 있다.

일상에서의 정리를 필요로 하는 분들을 위하여 1일 1시간 주3일~5일로 고객의 니즈에 맞추어 '데일리 정리 서비스'를 제공하고 있다.

이사를 하기 전에 불필요한 물건을 배출하거나 이사한 후에 수납공간 정리를 필요로 하는 고객을 위한 '이사전후 정리 서비스'를 제공하고 있다. 이사 이후 정리 스트레스를 받는 가정주부들의 고민을 한꺼번에 해소할 수 있어 인기가 매우 높다.

정리와 연계하여 클리닝 서비스도 제공하고 있다. 홈 입주전 청소나 홈 크리닝(주방/욕실/거실 등), 오피스 크리닝 서비스(사무실/병원/식당 등)가 있다.

<표 3-8> 오쿱 정리수납 컨설팅 서비스 종

서비스명	세부 서비스 내용	비 고
정리수납 컨설팅 서비스	• 가정 정리수납 컨설팅 - 일반가정/1인가구/맞벌이/시니어 등 • 단체 정리수납 컨설팅 - 학원/사무실/관공서/병원/기업체/점포,학교/도서관/리조트 등	1일 8시간 기준
정리 정기관리 서비스	• 컨설팅 서비스를 경험한 고객을 대상으로 공용공간 중심의 정기관리 서비스 (주방, 거실, 베란다, 화장실 등)	1회 4시간
정리 레슨 서비스	• 원포인트 레슨 : 1개 섹션 정리레슨 • 1:1매칭 레슨 : 월 1~4회 방문레슨(3개월, 6개월, 1년 방문 서비스) • 서비스후 레슨 : 유지 노하우 레슨	1회 4시간
데일리 정리 서비스	• 호텔같은 내집으로 퇴근하자	1회 1시간 주3일~5일
이사전후 정리 서비스	• 이사 전 배출, 이사 후 정리	
오쿱 클리닝 서비스	• 홈 입주전 청소 • 홈 클리닝 (주방/욕실/거실 등) • 오피스 클리닝 (사무실/병원/식당 등)	

(4) 오쿱 디지털 마케팅(홈페이지, 카페, 블로그, 밴드 활용)

디지털기기의 활용은 조합 차원과 개인 차원으로 구분하여 이해할 필요가 있다. 먼저 조합차원에서는 조합에서 운영하는 조합 홈페이지(www.ocoop.or.kr), 조합 카페(http://cafe.naver.com/homeorganizerschool), 조합 밴드(Ocoop Master Organizer), 조합 카카오톡 등이 있다. 조합의 디지털 공간에서는 조합원과 일반 고객을 대상으로 정보를 제공하고 있다.

최근에 새로이 제작된 조합 홈페이지에서는 조합에 대한 소개와 다양한 교육과정, 컨설팅 사례, 컨설팅 견적내보기, 조합관련기사, 동영상 등 다양한 정보가 제공된다. 모바일에서 조합을 소개하려고 할 때 조합홈페이지 정보를 링크해서 보내주면 아주 용이하다.

조합에서 운영하는 네이버 카페는 조합원을 위한 공간과 일반 고객을 위한 공간으로 구분되어 조합의 다양한 소식들과 활동들이 소개되고 있다. 또한 여러 가지 교육과정이나 컨설팅 과정의 진행상황을 파악할 수 있다. 이를 활용하여 고객에게 제공 가능한 정보를 선별하여 링크 등의 방식으로 제공할 수 있다.

홈페이지나 카페에서 컨설팅에 대한 질의에 대한 응답방식을 표준화할 필요가 있다. 고객들이 질의를 하는 이유는 정보를 탐색하는 단계에서 정리수납에 대한 Needs와 Wants가 완벽하게 정리되지 않은 상태에서 가격요인을 가장 중요하게 생각하여 질의하게 된다. 이 단계에서 고객의 예상을 초과하는 경우가 추가적인 단계로 진행되지 않는 경우가 대부분이다. 따라서 질의응답에 대한 표준화를 할 필요가 있다. 예를 들어 질의에 대한 감사인사, 정리수납의 필요성, 여러 가지 사례들을 예시로 든 이후에 Needs와 Wants에 자극을 주어야 한다. 그리고 추가적인 회신이 오는 경우에 섹션별로 가격을 제시하거나 일괄 제시하는 방법을 고려하여 상담을 진행하는 것이

<그림 3-4> 한국정리수납협동조합 홈페이지

<그림 3-5> 한국정리수납협동조합 네이버 카페

좋을 것이다.

유튜브를 활용한 정리수납 컨설팅과 봉사활동 사례를 개인의 SNS 링크를 통하여 소개하는 것도 활용할 필요가 있다. (유튜브에 한국정리수납협동조합이라고 검색)

조합에서는 월 단위나 분기 단위로 사이버 홍보물을 제작하여 활용하는 것도 좋은 방법이다. 사이버 홍보물은 조합에서 수행하는 다양한 교육과정과 컨설팅 사례들을 간략하면서도 효과적으로 소개한다. 조합원은 이 사이버 홍보물을 링크하여 개인의 SNS망을 활용하는 것이 유용하다.

● **조합원 개인 차원의 디지털기기 활용하기**

조합원들은 자신이 세운 목표를 달성하기 위하여 적극적으로 자신의 역할을 소개하고 고객의 의뢰를 받기 위하여 노력할 필요가 있다. 이를 위하여 가장 유용한 방법은 디지털 기기의 활용과 구전

(word of mouth)이다.

디지털기기를 활용하는 방법은 주로 PC나 모바일 기기를 활용한 방법이 주를 이루게 된다. 카카오톡, 카카오스토리, 페이스북, 인스타그램, 개인블로그, 동호회 카페/카카오톡방 등을 활용하게 된다. 자신이 주로 활동하는 SNS를 중심으로 자연스럽게 자신과 일을 소개하거나 노출하면 된다. 예를 들어 정리수납을 한마디로 설명해 달라는 고객들의 요구에 대하여 카카오톡 대문을 활용한 사례를 참고할 필요가 있다. 카카오톡이나 카카오스토리 대문에 정리수납과 관련된 코멘트를 다음과 같이 게시하는 것도 좋은 방법이다. (조○○ 선생님 사례 : 정리수납이란 삶에서 불필요한 것을 정리하고, 유용한 것을 효율적으로 수납하여, 행복공간으로 재탄생시키는 것)

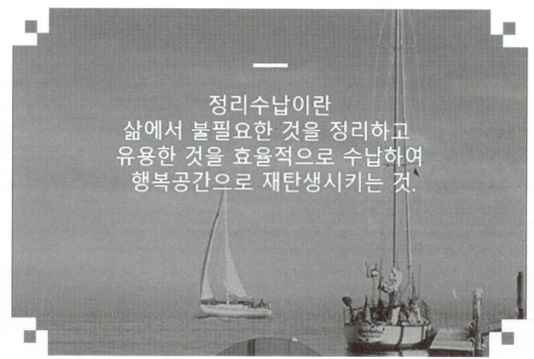

<그림 3-6> 한국정리수납협동조합 소개 카카오톡 대문

정리수납에 대한 질의가 있는 경우 적극적으로 응대할 필요가 있다. 소비자 의사결정 5단계에서 '문제인식' 단계를 지나 '정보탐색' 단계에 있는 소비자에게는 정확한 정보를 적절한 설득 방법으로 제공하는 경우 정리수납 컨설팅 서비스를 받고자 하는 의사결정에 이르

게 된다.

예를 들어 카카오톡을 통한 질문에 여러 가지 정보를 단계적으로 제공할 필요가 있다. 처음에는 정리수납의 필요성에 대하여 코멘트가 있는 링크정보를 제공한다. 그리고 추가적인 질문이 오게 되면 다음단계에서 구체적인 정리수납 대상별로 가격을 제시하게 된다. 이 경우 가급적 고객의 주변에서 확인이 가능한 사례를 활용하는 것이 좋다.

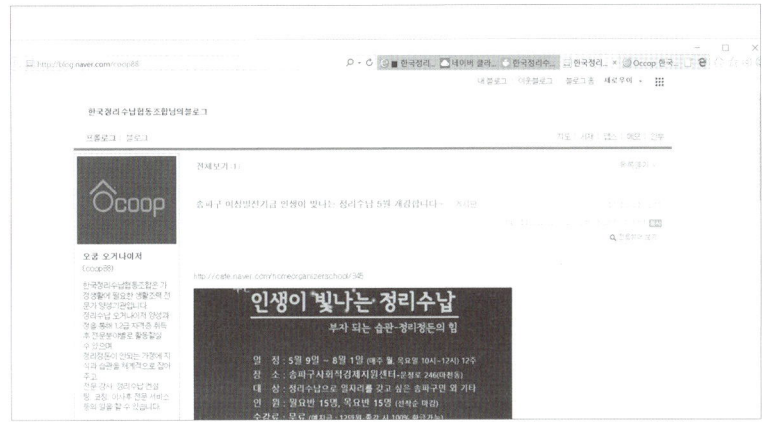

<그림 3-7> 한국정리수납협동조합 네이버 블로그

(5) 오쿱 매체 마케팅 (유튜브, 홍보, 광고 등)

조합에서는 방송매체를 활용한 정리수납에 관한 정보제공, 조합의 소개와 홍보를 적극적으로 추진하고 있다. 방송 프로그램에 참여한 활동으로는 최근의 평화방송 뷰티풀라이프 4U (2017.9.16.일)를 비롯하여, KBS2에서 진행하는 1:100, JTBC의 별별 랭킹쇼, 조선TV의 광화문의 아침(2016.2), MBC생방송 오늘아침(2016.6.14.)에도 참여하였다.

<그림 3-8> 평화방송 뷰티풀라이프 4U (2017.9.16.)

<그림 3-9> TV조선 광화문의아침 (2016.2.3.)

이러한 방송자료를 토대로 제작된 동영상을 유튜브 마케팅의 소재로 적극 추진할 필요가 있다. 유튜브에서 한국정리수납협동조합으로 입력하여 검색하면 여러가지 동영상이 나타난다. 또한 조합원들도 본인들이 확보한 자료를 기반으로 개인정보보호법을 위반하지 않는 범위내에서 유튜브와 SNS를 활용한 정리수납 비즈니스 소개

도 적극적으로 추진할 필요가 있다.

　조합에서는 인쇄매체를 통한 홍보도 적극적으로 하고 있다. 인쇄매체를 통한 홍보는 대표적으로 신문을 통한 홍보와 잡지를 통한 홍보, 인쇄물을 통한 홍보 등으로 구분된다. 신문을 통한 홍보는 신문기사를 통한 홍보 형태로 진행된다. 최근의 신문기사로는 2018년을 맞이하는 의미로 2017.12.13.일 세계일보에서 '새해 새 기운 행운을 부르는 정리의 기술'이라는 제하의 기사를 내보냈다.

　세계일보 담당 기자는 김민주이사장과 함께 2시간여 동안 미팅을 통하여 새해를 준비하는 마음으로 정리수납에 관한 여러 가지 팁을 소개하였으며, 우리 조합의 비즈니스에 대한 적극적인 이해로 상당히 깊이 있는 기사를 제공하였다.

<그림 3-10> 세계일보의 2017.12.13.일자 기사

조합에서는 서울시협동조합지원센터에서 발간하는 '협동조합다반사'에 '시작할 땐 정리부터'라는 제목의 기사를 게재하였다. '협동조합다반사'(https://seoulcoopcenter.blog.me/)는 서울시에서 협동조합을 하고 있는 조합들을 소개하고 조합의 영업활동을 지원하기 위하여 분기단위로 발간되는 잡지이다.

이와 같이 공신력 있는 인쇄매체를 통한 기사는 고객에게 긍정적이고 신뢰성있는 정보를 제공하는 유용한 수단으로 이 부분을 지인들이나 잠재고객들에게 카카오톡이나 SNS등을 활용하여 적극적으로 안내할 필요가 있다.

<그림 3-11> 협동조합다반사 2017년12월호

<그림 3-12> 협동조합다반사 2017년 3월호

IV

B2B/B2G 마케팅 추진 사례

01
B2G 공모사업 응모 사례

(1) 공모사업 추진 기관 및 시기

사회적기업과 협동조합을 지원하는 공모사업은 주로 중앙 부처나 서울시에서 운영하는 기관에서 진행한다. 서울시에서 운영하는 '서울 사회적경제 포탈', '서울시협동조합지원센터' 등에서 다양한 지원사업을 안내하고 있다. 이와 함께 각 정부부처나 구청 등에서 시행하는 공모사업도 관심을 기울일 필요가 있다. 민간 기업들의 공모사업은 주로 각 기업들의 재단에서 주관하는 공모사업에 관심을 갖고 추진할 필요가 있다.

공모사업의 추진시기는 대체적으로 연간 사업계획 예산이 집행되기 시작하는 연초에 많은 사업들이 공지된다. 특히 2월~3월에 집중적으로 공지가 된다는 점에서 많은 주의와 관심이 필요하다. 또한 각 공모사업을 추진하는 기관의 성격과 사회 트렌드에 따라 사업계획 내용을 유연하게 작성할 필요가 있다.

<표 4-1> 주요 공모사업 추진 기관

- 송파구청 등 서울시내 각 구청 등
- 서울 사회적경제 포털 (http://sehub.net/)
- 한국사회적기업진흥원 (http://www.socialenterprise.or.kr/)
- 서울시협동조합지원센터 (http://www.15445077.net/)
- 신나는조합 (http://joyfulunion.or.kr/new/xe/)
- 서울산업진흥원 (http://www.sba.seoul.kr/kr/index
- 사회적기업 통합정보시스템 (http://www.seis.or.kr/index.do)
- 서울특별시 (http://www.seoul.go.kr/main/index.html)
- 여성가족부, 고용노동부 등 관련 부처 등
- S카드, SK재단 등 각 기업의 재단 등

(2) 송파구청 여성발전기금 응모 사례

[서식1]

2017년 송파구 여성기금 공모사업 신청서

법인(단체)명	한국정리수납협동조합			(대표 : 김 민 주)		
사 업 명	인생이 빛나는 정리수납 오거나이저 양성과정					
사 업 기 간	2017년 6월 26일 ~ 2017년 9월 25일					
지원사업유형 (해당항목에 O표)	O	여성 취·창업 등 일자리 사업				
지원사업유형 (해당항목에 O표)		기타 성평등 촉진 사업				
총 사 업 비	6,000천원			신청금액	5,400천원(90%)	
				자 부 담	600천원(10%)	
				기 타	천원(%)	
법인(단체) 등록사항	O 등록부처(시·도) : 서울특별시 〈등록번호 : 244251-0007150〉 O 등 록 일 : 2013.04.22 ※등록증(또는 설립허가증)과 일치할 것					
법인 연락 처	주 소	05838 (우편번호) 서울특별시 송파구 충민로 66, 7층 Y-7111호(문정동, 가든파이브라이프)		전화번호	02-2157-3379	
	E-mail	coop88@naver.com		FAX	050-4060-3574	
	실무자	성 명	조 이 남	직 위	행정국장	연락처 (이동전화)	02-2157-3379 (010-6367-3574)

서울특별시 송파구 성평등기본조례 제32조, 서울특별시 송파구 통합기금관리조례 제26조의6 규정에 의하여
위와 같이 상기 사업에 필요한 2016년 송파구 여성기금을 신청하며 첨부서류는 사실과 같음을 확인합니다.

2017년 06월 13일
신청법인(단체)명 : 한국정리수납협동조합
대 표 자   : 김 민 주 (직 인)

송파구청장 귀하

첨부순서
① 공모사업 신청서 -- 1부
② 사업계획서(소정양식) --- 1부
③ 사업비 산출내역서(소정양식) --- 1부
④ 법인 또는 단체 현황(상근직원명단 포함) --------------------------------------- 1부
⑤ 법인 또는 단체의 주요활동실적(최근 1년) -------------------------------------- 1부
⑥ 단체(법인) 등록증 사본 및 단체(법인) 정관(회칙) 사본 각 1부-------------------- 1부

※ 소정양식과 다른 신청서는 접수하지 않으며 제출된 서류는 되돌려 드리지 않습니다.

[서식2]

사업계획서

□ 사업개요

1. 사 업 명	인생이 빛나는 정리수납 오거나이저 양성과정
2. 사업목적	1. 체계적이고 표준화된 정리,수납 관련 전문지식과 기술을 습득. 2. 정리수납 오거나이저로 생활의 전반적인 도움을 주는 전문가 양성. 3. 여성들의 사회참여를 높이기 위해 일자리 창출 및 확대에 기여
3. 사업기간	2017년 6월 26일 ~ 9월 25일
4. 사업내용	1. 송파구 경력단절여성들을 대상으로 시스템화 된 정리와 정돈, 체계적인 수납기술을 익혀서 사회진출을 증가시킨다. 2. 정리수납 컨설팅을 통해 소비지향적인 삶을 변화시켜 건강한 생활과 가정환경을 조성한다.
5. 사업주관	한국정리수납협동조합

□ 세부 추진계획

※ 취·창업 사업의 경우 실취업 연계 방법 부분을 중점으로 하여 구체적으로 기술바람

○제목: 인생이 빛나는 정리수납 오거나이저 양성과정
○장소: 송파사회적경제지원센터 세미나실 ,
○계획인원: 20명
○활동내용:1. 정리수납 컨설팅및 코칭
　　　　　　　-정리가 안되는 가정
　　　　　　　-시간이 부족한 맞벌이 가정
　　　　　　　-가사일이 미흡한 신혼가정
　　　　　　　-외부의 도움이 필요한 취약계층
　　　　　　　-시니어 가정
　　　　　2. 정리수납 강사 양성
　　　　　　　-정리수납에 관심 있는 일반인
　　　　　　　-교육기관(학교, 문화센터, 여성취업관련 교육기관)
　　　　　　　-결혼정보업체
　　　　　　　-일반기업체

□ 추진일정

세부사업명	주차	월	목	장소	대상, 인원	세부추진내용
1. 정리수납 전문교육	1주	7/3	7/6	송파구 사회적 경제지원센터 세미나실	송파구민 경력단절 여성, 20명	○ 오리엔테이션, 정리수납오거나이저란 ○ 정리수납의 필요성 ○ 정리수납의 기본원칙과 단계, 원칙 ○ 정리수납오거나이저의 직업전망 ○ 팀 구성
	2주	7/10	7/13			○ 정리수납 이론 1 (주방), 학습 ○ 주방정리수납의 문제점 ○ 주방정리수납의 해결 방법 ○ 종량제 봉투 접는 법과 수납 ○ 우리집 주방 정리수납 해보기
	3주	7/17	7/20			○ 정리수납 이론 2 (냉장고), 학습 ○ 냉장고 정리수납의 문제점 ○ 냉장고 정리수납의 해결 방법 ○ 김치냉장고 정리수납 방법 ○ 우리집 냉장고 정리수납 해보기
	4주	7/24	7/27			○ 정리수납 이론 3 (옷장) ○ 옷장 정리수납의 문제점 ○ 옷장 정리수납의 해결 방법 ○ 옷장 정리수납(행거, 서랍장) ○ 우리집 옷장 정리수납 해보기
	5주	7/31	8/3			○ 정리수납 옷접기 실습 (의류정리수납의 표준화 교육) ○ 정리수납오거나이저 2급 검정시험
	6주	8/7	8/10			○ 기타주거공간 ○ 공간별 문제점과 진단 ○ 신발장 정리수납 ○ 거실 정리수납 ○ 욕실, 베란다 정리수납 ○ 자녀방 서랍 정리수납 방법 해결방법
	7주	8/14	8/17			○ CS교육 ○ 현장실습 에티켓 ○ 전문직업인의 자세
	8주	8/21	8/24	현장실습		○ 현장학습(인터뷰 및 심리파악, 컨설팅실습) (주방레이아웃정하기-동선을 고려한 분류작업-상하부장 그릇 및 컵수납방법-수납용품활용)
	9주	8/28	8/31			○ 현장학습(인터뷰 및 심리파악, 컨설팅실습) (냉동실,냉장실 꺼내면서 분류하기-공간별수납방법 -수납공간정하고 유지하기)
	10주	9/4	9/7			○ 현장학습(인터뷰 및 심리파악, 컨설팅실습) (옷장레이아웃정하기-행거 정리수납-옷장선반-서랍장 정리수납-소품정리수납)
	11주	9/11	9/14	송파구 사회적 경제지원센터 세미나실		○ 발표 1(오거나이저 역할)
	12주	9/18	9/21			○ 발표 2(Vision & Dream) ○ 학습동아리 구성 ○ 강의처 관련 및 마스터오거나이저 프로그램 준비 ○ 1급수료식(전원) ○ 2급자격증(취득) 전달식 ○ 전문여성인의 자세 및 고객심리대응

□ 기대효과

- 정리수납 오거나이저로 일자리 창출을 통한 지역교육 환경개선과 경제적 가치 창출에 기여한다.
- 기본정규과정(정리수납오거나이저 1,2급) 이수 후 2급 자격증(1104명), 1급 자격증(180명)중에 90명이 정리수납오거나이저 전문 강사로 활동 중 이며, 비상근 조합원으로 재능기부, 이사 후 정리수납 서비스, 컨설팅 등 에 적극동참하고 있다.
- 정리수납 전문교육 과정에서 정리수납 오거나이저 교육 참가자 20명중 80%이상의 수료를 이루어내고, 경력단절여성에게도 여성창업의 기회를 제공한다.
- 경력단절여성이 프리랜서 강사로 활동이 가능함에 따라 여성으로써 자신감을 되찾고 잠재력을 향상시켜 사회로 재진출하는 기반을 마련한다.
- 프리미엄 이사서비스 업체와 연계하여 취업 알선
- 사업이 종료된 후에도 지속적으로 학습동아리를 구성하여, 역량을 개발하고 관내 기관 및 학교에서 방과 후 교실 강사활동을 한다.
- 관내 저소득층, 한부모가정, 장애인가정에 정리수납 재능기부를 한다.

[서식4]

법인(단체) 현황

단 체 명	한국정리수납협동조합					
대표자명	김 민 주					
사 무 실	○ 주 소 : 서울특별시 송파구 충민로 66, 7층 Y-7111호(문정동, 가든파이브라이프)					
	○ 전 화 : 02-2157-3379 ○ fax:050-4060-3574					
	○ 인터넷 홈페이지 :www.ocoop.or.kr					
설립목적	○ 체계적이고 표준화된 정리수납 기술 개발 ○ 교육과 훈련을 통한 정리수납 오거나이저 양성 ○ 개인 삶의 질 향상 ○ 신규직종 개발과 일자리 창출 확대					
단체연혁	'13.04.22 한국정리수납협동조합 창립 '13.04.15 한국정리수압협동조합 설립허가					
회 원 수	90명					
상근인력 (직제순)	직 위	성 명	담당업무	근무기간	연락처	
	행정국장	조이남	회계, 관리	2017.04.01.~	010-6367-3574	
사무실 현황	사용방법	○단독사용(✓), 공동사용( )(공동사용시 단체명:) ○공동사용현황:				
	면 적(㎡)	22.51㎡				
	사용기간	2017년 10월 08일 (12개월)까지	명 의		양일규	
	임 대 료	보증금 : 300만원 월 세 : 25만원	임대기간		2016.10.9 ~ 2017.10.8	
정기간행물						
가입단체	가톨릭사회경제연합회					
회원단체						
지부 또는 지회 현황						

[서식5]

법인 또는 단체의 주요활동실적 현황

<table>
<tr><td rowspan="5">2016년
사업추진
실적</td><td colspan="2">총사업비</td><td colspan="2">＼33,300,000원</td><td>재원구성</td><td colspan="2">회비수입 :   %, 기부금 등   %
사업수입 : 70%, 정부보조금 : 30%</td></tr>
<tr><td>사업명</td><td>기 간</td><td colspan="2">장 소</td><td>대 상</td><td colspan="2">주 요 내 용</td></tr>
<tr><td>2016년
송파구
여성발전기금</td><td>16.04~
16.09</td><td colspan="2">송파구
사회적
경제지원센터</td><td>송파구민</td><td colspan="2">경력단절 여성 일자리 창출을 위한
정리수납오거나이저 양성 과정</td></tr>
<tr><td>송파구
일자리경제과</td><td>16.03~
16.11</td><td colspan="2">참살이
실습터</td><td>송파구민</td><td colspan="2">경력단절 여성 일자리 창출을 위한
정리수납오거나이저 양성 과정</td></tr>
<tr><td>2016년도
창조전문인력
양성과정</td><td>16.07~
16.11</td><td colspan="2">(사)50플러스
코리안</td><td>서울시민</td><td colspan="2">행복한 인생2막을 위한 시니어라이
프 오거나이저 양성</td></tr>
<tr><td rowspan="4">2017년
사업추진
계획</td><td colspan="2">총사업비</td><td colspan="2">＼36,000,000원</td><td>재원구성</td><td colspan="2">회비수입 :   %, 기부금 등   %
사업수입 : 80%, 정부보조금 : 20%</td></tr>
<tr><td>사업명</td><td>기 간</td><td colspan="2">장 소</td><td>대 상</td><td colspan="2">주 요 내 용</td></tr>
<tr><td>사랑의 열매</td><td>17.01.01~
17.12.31</td><td colspan="2">송파구</td><td>송파구민</td><td colspan="2">송파구 저소득가정 생활환경 개선을
통한 경제적 자립 프로젝트</td></tr>
<tr><td></td><td>17.06.25~
17.09.25</td><td colspan="2">송파구
사회적경제
지원센터</td><td>송파구민</td><td colspan="2">경력단절 여성 일자리 창출을 위한
정리수납오거나이저 양성 과정</td></tr>
<tr><td rowspan="6">국가,
지방자치단체,
공익법인 등
지원사업
추진실적</td><td>년도</td><td colspan="3">지원사업명</td><td colspan="2">지원금액</td><td>지원기관</td></tr>
<tr><td rowspan="2">2015년</td><td colspan="3">여성발전기금 (송파구청)</td><td colspan="2">600만원</td><td>송파구청</td></tr>
<tr><td colspan="3">서대문 마을학교</td><td colspan="2">200만원</td><td>서대문구청</td></tr>
<tr><td rowspan="3">2016년</td><td colspan="3">여성발전기금 (송파구청)</td><td colspan="2">550만원</td><td>송파구청</td></tr>
<tr><td colspan="3">미래형 신징업군 양성사업(육성)</td><td colspan="2">2,500만원</td><td>서울산업진흥원</td></tr>
<tr><td colspan="3">일자리 경제과 참살이실습터</td><td colspan="2">280만원</td><td>송파구청</td></tr>
<tr><td colspan="2">기 타</td><td colspan="6"></td></tr>
</table>

(3) 유한킴벌리 소기업 비즈니스 성장지원사업 응모 사례[25]

'유한킴벌리 소기업 비즈니스 성장지원사업(9기)' 신청서

기업명	한국정리수납협동조합	대표자	김민주 이사장
개업일	2013. 4. 22.	업태/종목	서비스업/정리수납관련 컨설팅 교육 등
소재지	서울특별시 송파구 문정로 246, 송파구사회적경제지원센터내		
연락처	02-448-6828	이메일	coop88@naver.com
홈페이지 주소	www.ocoop.or.kr		
근로자	상시근로자 3명 / 조합원 90명		
신청 사업명	지역사회와 협력으로 지역내 취약계층의 삶의 질(Quality of Life) 향상을 위한'행복한 시니어 홈 오거나이징'		
작성자 성명	김 현 민	작성자 직책	기획실장
작성자 연락처	010-7221-0204	작성자 이메일	kimhm1999@naver.com

「유한킴벌리 소기업 비즈니스 성장지원사업」신청서를 제출하며,
기재된 사항이 사실과 다르지 않음을 확인합니다.

2018년 1월 11일

기업명 : 한국정리수납협동조합
대표자 : 김 민 주
직인 누락시 접수불가

(재)함께일하는재단 귀중

제출서류
1. 신청서 (직인 누락시 접수 불가)
2. 사업자등록증
3. 최근 2년 재무제표 (2016, 2017) (선택제출)
4. 개인정보 이용동의서 (미제출시 접수 불가)
5. 기타 : 서울시예비사회적기업지정시, 사회서비스제공실적(2016년이후), 서비스표등록증, 민간자격등록증, 출판사신고확인증 및 도서번호(ISBN)

---

25) 2018년 서류심사에서 탈락했으나 참고용으로 게시함

1. 사업계획

(1) 사업(아이템) 소개

○ 사업 아이템 : "행복한 시니어 홈 오거나이징"
  - 지원목적 : 시니어 취약계층의 정리되지 않은 열악한 주거환경 개선을 통하여 삶의 질(Quality of life) 향상으로 사회성 회복을 지원하기 위함
  - 지원대상 : 송파구 관내 지역사회단체에서 추천한 시니어 취약계층, 장애우가정 등
  - 지원방법 : 시니어 취약계층의 주거환경이 열악한 수혜대상자를 위하여 우리 조합에서 가정을 사전방문하여 사업범위를 결정한 후에 사전배출, 정리수납 컨설팅, 사후코칭을 수행함

○ 사업 참여자 :
  1. 재정지원단체 : 함께일하는재단 (유한킴벌리)
  2. 지역사회단체 : 송파사회적경제지원센터, 송파구 보건지소, 송파구청(복지정책과), 송파구 관내 주민센터 등
  3. 사업수행단체 : 한국정리수납협동조합

○ 진행 프로세스 :
송파구 관내 사회단체에서 수혜자 추천 및 선정(시니어 취약계층)
→ 사전답사 (주거환경 및 고객 욕구 파악) → 사전배출 실시(필요시)
→ 정리수납 컨설팅 및 서비스 실시, 만족도 조사 → 사후코칭 및 점검

〈표1〉 행복한 시니어 홈 오거나이징 개념도

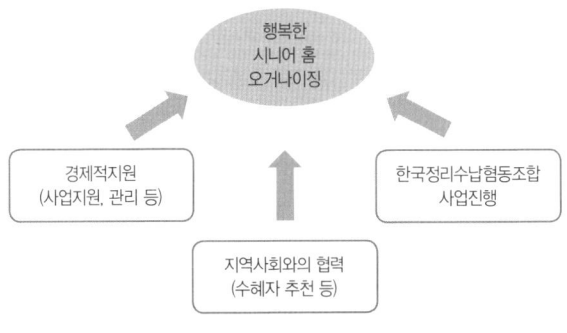

(2) 사업 추진 현황

○ 정리수납 서비스 수행 준비 현황

- 우리 조합에서는 정리수납 컨설팅 서비스를 제공할 수 있는 최고의 전문가를 조합에서 운영하는 오쿱오거나이저 스쿨에서 양성
- 2018년 1월1일 현재 조합원 90명
  (조합원 중 Master 오거나이저 50명, 1급 오거나이저 40명 등)

○ 취약계층 대상 사회서비스 유형 : '우리집이 달라졌어요'

- 우리 조합에서는 2013년 설립이후 지역사회단체와 송파구를 중심으로 취약계층을 대상으로 '우리집이 달라졌어요'라는 캠페인으로 정리수납 사회서비스를 제공

〈표2〉 지역사회단체와의 정리수납 사회서비스 제공 현황

구 분	정리수납 사회서비스 제공현황	비 고
2017년	- 사회복지공동모금회의 사업으로 송파구 관내 지역 사회단체의 추천으로 연간 37가정에 사회서비스 제공 (주거환경 개선유지율 81.1%) - 기타 송파구, 서대문구, 은평구, 성남시 등 지역사회 단체와 사회서비스 제공 (5가정)	42가정
2016년	- 송파구를 중심으로 지역사회단체와 공동으로 취약계층에 대한 사회서비스 제공 (9가정)	9가정

※ 2017년 사회복지공동모금회 지원의 주거환경 개선 사업 수행결과 및 효과

- 지역 주민에 대한 생활상태를 구체적으로 파악하고 있는 송파구 관내 11개 단체에서 취약계층 주거환경개선 대상 가정을 추천하였음
- 주민의 주거와 건강상태를 잘 파악하고 있는 송파구 보건지소의 추천인원이 13명으로 가장 많은 점을 고려하여, 지역기관과의 협력사업으로 지속될 필요가 있음

- 주거환경에 평점이 개선 전 1.46점에서 개선 후 3.73점으로 2.27점 대폭 향상
- 37가정 중 30가정(81.1%)이 평점 3점(보통)이상의 평가를 받음
  : 평점 5점을 받은 가정은 15가정(40.5%), 평점 4점은 8가정(21.6%), 평점3점은 7가정(18.9%)로 확인됨

- 남성 취약계층의 경우 주거환경이 매우 취약하여 개선효과가 매우 큼
- 여성 취약계층의 경우 가구원 수가 많아 수혜인원이 많은 효과가 있음

(3) 사업 아이템 개발 필요성

○ 인구고령화와 60세 이상 빈 둥지가구, 1인 가구의 지속적 증가

- 서울시, 2013년 10.9%인 65세 이상 고령인구가 2019년 14.3%로 증가해 '고령사회(고령인구비율이 14% 이상)'로 첫 진입
- 1인 가구주 중 60세 이상은 2000년 17.9%에서 2015년 24.1%로 증가했으며, 2030년에는 38.1%로 1인 가구 중 가장 많은 연령층이 될 전망
- 서울의 가장 일반적인 가구 유형(부부+미혼자녀) 2000년 49.8%로 절반을 차지했으나, 2015년 33.6% 감소, 2030년 25.4% 더 낮아질 것으로 예측
- 1인, 부부, 한 부모, 조손가구 비중은 2000년 34.6%, 2015년 51.7%로 증가, 2030년 60.5%로 증가할 전망

〈표4〉 1인가구 연령별비중 및 가족 형태별 변화

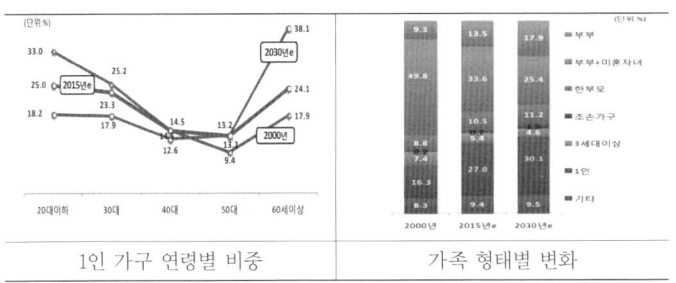

| 1인 가구 연령별 비중 | 가족 형태별 변화 |

○ 노인 안전사고, 가정에서 제일 많이 발생(전체의 62.5%를 차지)[3]

- 2015년 65세 이상 고령자의 위해정보 건수가 총 12,195건으로 작년 대비 16.2% 증가(4,453건)
- 사고 발생 장소로는 가정이 7,617건으로 전체의 62.5%를 차지하며, 침실과 방에서 1,693건(22.2%)로 가장 많았고 그 다음이 화장실과 욕실 1,362건(17.9%)
- 넘어짐과 미끄러짐에 의한 사고가 4,829건(39.6%)으로 가장 높음
- 연령이 높을수록 넘어짐과 미끄러짐, 추락과 낙상사고의 비율이 높아지는 경향

---

1) 서울시, 향후 20년 자치구별 미래인구 예측 온라인 공개 (서울시, 2016)
2) 통계로 본 서울 가족 구조 및 부양 변화 (서울시, 2015)
3) 고령자 안전사고 위해사례 동향분석 (한국소비자원, 2015.9)

⟨표5⟩ 발생 장소별 현황

(단위: 건, %)

구분	건수	비율
가정	7,617	62.5
상업시설	1,020	8.4
의료서비스시설	833	6.8
도로	652	5.3
교통시설	261	2.1
기타	1,812	14.9
합계	12,195	100.0

⟨표6⟩ 가정 내 사고 발생 장소 현황

(단위: 건, %)

구분	건수	비율
침실/방	1,693	22.2
화장실/욕실	1,362	17.9
거실	959	12.6
주방	921	12.1
계단	737	9.7
정원/마당	200	2.6
현관	180	2.4
베란다(발코니)	87	1.1
기타	1,478	19.4
합계	7,617	100.0

○ 1인 노인 가구 증가, 무연고 사망 증가, 가정 내 안전사고 증가로 인해 주변 환경을 정리해주는 정리수납 전문가 필요

- 배우자사별, 황혼이혼, 자녀 출가 등의 이유로 1인 가구, 2인 가구가 늘어나고, 현대 사회의 빠른 발전과 물가 상승, 전세난 등 출가한 자녀들도 부모를 돌보기 어려움
- 자녀 출가 후 넓은 집에서 부부 또는 혼자 살기 위해 집을 줄이기 위해서는 그동안 살아온 공간에 대해 정리수납이 필요
- 중·장년층의 안전하고 건강한 노후생활을 위해 주변 환경 정리가 필요

(4) 사업 아이템 개발 전략 및 비즈니스 모델

○ 시니어 취약계층 대상 정리수납 서비스는 자원봉사와 사회서비스 차원으로 수행

- 물건을 병적으로 수집하는 강박적 저장장애(호더)를 가진 분들 뿐만아니라 독거노인, 독거장애우, 취약계층을 대상으로 정리와 청소 서비스가 지역별로 이루어지고 있으나 전체적인 사업규모를 추정하기는 어려움

- 본 서비스는 본인이 직접 비용을 지불하기 어려운 가정이 대부분으로 외부의 재정 지원을 받아 지속적으로 수행할 필요가 있음

○ '행복한 시니어 홈 오거나이징' 업무수행 프로세스

- 업무수행 프로세스는 사전방문, 사전배출(필요시), 정리수납 컨설팅서비스, 사후코칭 순으로 진행

① 사전방문 : 수혜대상으로 선정된 가정에 대하여 업무대상과 범위를 결정하기 위하여 조합의 팀장(정리수납 오거나이저)가 방문함, 사전 주거환경 상태를 확인
② 사전배출(필요시) : 정리수납 컨설팅서비스를 수행하기 전에 도배, 장판 등의 부가적 서비스가 필요한 경우 사전배출을 하게 됨
③ 정리수납 컨설팅서비스 : 조합의 정리수납 팀장과 팀원들로 구성된 사업팀이 정리수납 컨설팅 서비스를 수행함, 고객의 서비스 만족도를 확인함
④ 사후코칭 : 정리수납 컨설팅 이후 소정기간(1개월 내지 3개월)이 지난 후에 오거나이저가 재방문하여 정리상태를 점검하고 필요시 코칭과 정리정돈을 일부 재수행함, 이때 유지상태에 대한 평가를 실시함

〈표7〉 정리수납 업무수행 프로세스

(5) 지원 사업 최종 개발 목표

○ 수행기간 : 2018년 3,4,5,6,7,9,10,11월 (8개월)

○ 수혜대상 가정 : 월당 2가정 (16가정)

○ 수혜서비스 유형 : 사전방문, 사전배출, 정리수납 컨설팅, 사후코칭을 일괄서비스로 제공

○ 평가지표 : 정리개선도 (보통이상 80%이상), 만족도(보통이상 70%이상)

(6) 최종 개발된 아이템의 시니어 일자리와 연계 계획

○ 서비스 운영을 위한 인력고용계획 : 직접고용 1명, 간접고용 10명(순환근무)

- 본 서비스를 제공하기 위해서는 서비스 수혜자의 발굴, 사업 수행과정 관리, 사업 수행 참여자에 대한 교육 및 관리, 사후업무 수행 등을 위하여 직접 고용인력 1명이 필요

- 본 서비스를 수행하기 위하여 각 단계별로 필요한 인력은 조합원 중에서 일정에 따라 참여가능한 인원으로 구성하여 운영
- 인력고용 효과를 위하여 순환근무를 원칙으로 함
  (10명내외의 인력으로 인력풀 구성하여 사업 규모별로 인력을 선발하여 파견)

○ 직접고용 인력의 주요 업무내용

- 본 서비스의 세부추진계획 수립
- 지역사회단체와의 커뮤니케이션을 통한 수혜대상가구 선발
- 본 서비스 참여자에 대한 서비스 내용에 대한 교육 및 피드백 수행
- 본 서비스에 팀장으로 참여
- 본 서비스 수행 단계별 과정에 대한 보고서 작성
- 본 서비스 수행 결과에 대한 회계 및 사업수행 결과 보고

○ 간접고용 인력의 주요 업무내용

- 본 서비스 단계별 참여 (사전방문, 사전배출, 정리수납 컨설팅, 사후코칭)
- 본 서비스 단계별 수혜자에 대한 정리 코칭 (필요시 1:1 개별 코칭)
- 본 서비스 제공내용에 대한 피드백 및 회계 등 사무처리

02
B2B 개별사업 추진 사례(예시 포함)

B2B 개별사업은 주민센터, 도서관 등 지역사회를 기반으로 하고 있는 기관들을 대상으로 추진할 필요가 있다. 조합에서는 지역의 기관들을 대상으로 적극적인 B2B 개별사업을 위한 정리수납 강좌개설을 추진하고 있다.

한편 개별기업을 대상으로 하는 B2B 사업제안도 적극적으로 추진할 필요가 있다. 개별기업의 자원봉사자를 대상으로 하는 정리수납 강좌 개설과 함께 해당 기업과 공동으로 추진하는 사회사업에도 관심을 갖고 적극적으로 제안을 추진해야 한다.

<표 4-2> B2B 개별사업 추진 사례 및 계획
- OOO동 주민센터 '정리수납 강좌' 개설 제안
- OO구 OO도서관 '정리야 놀자' 특강 제안
- OO구립 OO도서관 문화교육 프로그램 제안
- 자원봉사자에 대한 정리수납오거나이저 교육 제안
- 구청/문화센터와 조합 간의 사회공헌사업 협력 제안
- OO은행 OO부와의 업무협력 추진방안

○○○동 주민센터 '정리수납 강좌' 개설 제안

1. 정리수납 특강

(1) 특강 명 : 〈기분 좋은 정리수납〉 봄맞이 한눈에 보이는 옷장정리 (무료)
   옷장을 열면 외출준비가 한 번에 해결되게 도와주는 원터치 옷장정리 수납~!!

(2) 수강 대상
   - 정리정돈에 서툴거나 정리를 해도 다시 어질러진 상태로 돌아가는 사람
   - 정리하고 싶지만 어떻게 해야 좋을지 모르는 사람을 대상

(3) 특강 시간 : 2시간 (개설시기 : 2월말)
   - 수강자 : 20명내외
   - 준비물 : 반팔티, 속옷, 양말

2. 정리수납 정규강좌

(1) 강좌 명 : 〈기분 좋은 정리수납〉 정리수납 오거나이저 2급과정 (유료)

(2) 교육기간 : 교육기간 : 4주 (1회 2시간)

(3) 교육대상 : 제한없음 (학력, 경력, 연령, 국적에 제한이 없습니다.)

(4) 교육 커리큘럼 (준비물은 과정별로 안내합니다)
   - Part 1 : 오거나이저 개론, 주방정리 이론 및 정리수납 방법 (2시간)
   - Part 2 : 가족 건강을 위한 냉장고 정리 이론 및 정리수납 방법 (2시간)
   - Part 3 : 한 눈에 보이는 옷장 정리 이론 및 정리수납 방법 (2시간)
   - Part 4 : 기타 주거공간 정리 이론 및 정리수납 방법 (2시간)

(5) 기타 : 교재비와 자격취득비용(검정료)은 별도입니다.

○○구 ○○도서관의
어린이(청소년) 정리습관 형성을 위한 특강 제안

1. 특강 제안

- 목적 : 새 학기를 맞이하여 어린이(청소년)의 정리습관 형성
- 특강 제목 : 정리야 놀자!
  - 특강 내용은 첨부된 '청소년 라이프 오거나이저 강의 제안서' 내용 중에서 선택 (내 방 책상정리, 사물함정리, 재활용품을 활용한 만들기 등)
- 특강 대상 : 초등 3학년~6학년 중심 (1~2학년도 가능)
- 특강 시간 : 1일 중 (1시간 30분 내외)
- 준비물 : (인당) 우유팩 200㎖ 3개, 1000㎖ 2개, 풀, 가위, 색종이

2. 정규강의 제안 (유료)

- 목적 : 새 학기를 맞이하여 어린이(청소년)의 정리습관 형성
- 대상 : 초등 고학년부터 중·고등학생, 청소년 등
- 시간 : 12주, 회차당 1시간 원칙
  (기관의 특성에 따라 조정하여 운영 가능)
- 강의 커리큘럼 : 별첨

○○구립 ○○도서관 문화교육 프로그램 제안

1. 제안 목적

    - ○○구립 ○○도서관의 문화교육 프로그램의 다양성 확보
    - 지역주민의 삶의 질 향상을 위한 정리수납 교육기회 제공

2. 강좌명 : 인생이 빛나는 정리수납 (한국정리수납협동조합)

3. 제안내용

    (1) 설날을 준비하는 정리수납(냉장고) 특강

    - 특강명 : '우리집 냉창고를 냉장고로 활용하기'
    - '냉창고'에 모셔져 있는 오래된 음식 정리하기
        - 떡 벽돌, 바짝마른 생선, 유통기한을 알 수 없는 나물 등 정리
        - 설날에 방문할 가족에게 잘 정리된 '냉장고' 자랑하기
    - 요청일시 : 2/6(화) 10시 또는 2/8(목) 14:00 (2시간)

    (2) 정리수납 정규과정(2급) 개설

    - 강의 부제 : '엄마가 자랑스러운 보여주고 싶은 우리집'
    - 활기찬 새 봄을 위한 집안의 정리정돈을 스스로 하기 위함
    - 교육기간 : 4회 (회당 2시간, 2주 또는 4주 강좌)
    - 강좌개설 기간 : 2월, 3월, 4월, 5월, 6월 등

자원봉사자에 대한 정리수납오거나이저 교육 제안

1. 제안 목적

- 기업 또는 사회복지단체 소속 자원봉사자의 전문적인 사회적 서비스 역량 개발을 지원하기 위함

2. 자원봉사자에 대한 교육목표

- 현대인의 생활습관과 정리수납의 필요성에 대한 이론적 이해
- 편리하고 효율적인 생활공간 창출을 위한 정리수납 기술 습득
- 저장강박증(Compulsive Hoarding)의 이해와 커뮤니케이션 능력 개발
  ※ 저장강박증이란 사용목적이 분명하지 않은 물건들을 저장해 두는 강박장애의 일종

3. 정리수납 교육 표준일정

- 정리수납 오거나이저 2급과정 (4주, 1회 2시간)
- 정리수납 오거나이저 1급과정 (8주, 1회 5시간, 2급자격 취득자 대상)
- 정리수납 오거나이저 2급 및 1급 통합과정 (12주: 이론 1회 2시간 9회, 실습 1회 5시간 3회)
  - 주요 커리큘럼 : 생활공간별 정리수납 이론 및 실습 등
    ※ 정리수납오거나이저란 : 현대인의 생활방식의 변화에 따라 가정생활의 정리정돈에 실천적으로 도움을 주는 생활조력 전문가입니다.

4. 기 타

- 세부 교육일정 및 내용에 대해서는 조직 특성에 따라 협의 후 진행
- 교육커리큘럼 예시, 한국정리수납협동조합 소개 등 : 첨부 자료 참조

구청/문화센터와 한국정리수납협동조합 간의
사회공헌사업 협력 제안

1. 제안 목적

- 서울/경기지역 구 지역내 경력단절 여성과 취약계층을 위한 일·가정 병행이 가능한 정리수납 오거나이저 직업교육 추진
- 서울/경기지역 구 관내 취약계층에 대한 주거환경개선사업 추진

2. 제안추진 배경

(1) 경력단절 여성과 취약계층을 위한 재취업 교육사업 필요성
- 경력단절 여성의 경우 일·가사 병행활동에 적합한 직업이 필요
  - 경력단절 여성의 경우 새로운 직업을 위한 전문교육 과정에 참여하기어려워 가사 활동을 기초로 한 비교적 진입이 용이한 직업
- 취약계층의 경우 학습이 용이하고 생활에 도움이 되는 직업이 필요
  - 취약계층에게는 정리수납과 클리닝에 대한 교육으로 새로운 직업기회를 제공할 수 있음

(2) 취약계층을 위한 주거환경 개선사업 필요성
- LH공공임대아파트 내 쓰레기집이 2014년 292세대가 발견됨 (신문기사)
  (http://www.mdtoday.co.kr/mdtoday/index.html?no=259325)
  - 영구임대 226세대, 국민임대 53세대, 50년공공임대 13세대 등
  - 서울 51세대, 경기 39세대, 인천 37세대 등
  - 한 세대를 정리하는데 드는 비용은 487만원 소요
    (폐기물처리, 도배장판, 주방가구교체, 실내소독 등)
  - 쓰레기집은 한번 치운다고 끝나는 것이 아니라 재발가능성이 높음

(3) 한국정리수납협동조합의 풍부한 사회서비스 경험
- 2017년에 송파구청(송파사회적경제지원센터), 사회복지공동모금회(사랑의열매)과 추진하고 있는 취약계층에 대한 주거환경 개선을 위한 '우리집이 달라졌어요' 사업으로 연간 37회의 사회서비스 제공

구청/문화센터와 한국정리수납협동조합 간의
사회공헌사업 협력 제안

1. 제안 목적

   - 서울/경기지역 구 지역내 경력단절 여성과 취약계층을 위한 일 · 가정 병행이 가능한 정리수납 오거나이저 직업교육 추진
   - 서울/경기지역 구 관내 취약계층에 대한 주거환경개선사업 추진

2. 제안추진 배경

   (1) 경력단절 여성과 취약계층을 위한 재취업 교육사업 필요성
   - 경력단절 여성의 경우 일 · 가사 병행활동에 적합한 직업이 필요
     - 경력단절 여성의 경우 새로운 직업을 위한 전문교육 과정에 참여하기 어려워 가사 활동을 기초로 한 비교적 진입이 용이한 직업
   - 취약계층의 경우 학습이 용이하고 생활에 도움이 되는 직업이 필요
     - 취약계층에게는 정리수납과 클리닝에 대한 교육으로 새로운 직업기회를 제공할 수 있음

   (2) 취약계층을 위한 주거환경 개선사업 필요성
   - LH공공임대아파트 내 쓰레기집이 2014년 292세대가 발견됨 (신문기사) (http://www.mdtoday.co.kr/mdtoday/index.html?no=259325)
     - 영구임대 226세대, 국민임대 53세대, 50년 공공임대 13세대 등
     - 서울 51세대, 경기 39세대, 인천 37세대 등
     - 한 세대를 정리하는데 드는 비용은 487만원 소요 (폐기물처리, 도배장판, 주방가구교체, 실내소독 등)
     - 쓰레기집은 한번 치운다고 끝나는 것이 아니라 재발가능성이 높음

   (3) 한국정리수납협동조합의 풍부한 사회서비스 경험
   - 2017년에 송파구청(송파사회적경제지원센터), 사회복지공동모금회(사랑의 열매)과 추진하고 있는 취약계층에 대한 주거환경 개선을 위한 '우리집이 달라졌어요' 사업으로 연간 37회의 사회서비스 제공

<표 4-3> 취약계층 공공임대주택 정리수납 전·후 사진자료

구 분	정리수납 전	정리수납 후
2017.6.		
2017.7.		

3. 사회서비스 추진방안

(1) 경력단절 여성을 위한 정리수납 교육과정 개설

- 정리수납 오거나이저 양성과정 개설
  - 각 구청이나 주민센터, 문화센터에 관내 경력단절 여성의 재취업을 지원하기 위한 정리수납 교육과정 개설
  - 2급교육과정은 4주과정 (주1회, 회당 2시간, 총 8시간)
  - 구청이나 주민센터에서 교육생을 모집하고 조합에서 강사를 파견
  - 교재비와 2급 자격 취득을 위한 소정의 자격취득비용 발생
- 2급과정과 1급과정을 통합한 교육과정 개설 가능
  - 1급과정은 8주과정으로 총40시간으로 운영
  - 필요에 따라 2급과정과 1급과정을 통합하여 12주 또는 10주로 운영가능 (2017년에 송파구청에서는 10주과정의 통합과정 개설, 강동구청에서는 4주 2급과정 개설)

(2) 취약계층을 위한 정리수납 컨설팅사업

- 구청 중심의 취약계층의 주거환경 개선사업 추진
  - 구청에서 연간 취약계층 지원계획을 수립
  - 구청과 한국정리수납협동조합 간 사업추진을 위한 MOU체결
  - 한국정리수납협동조합 사업추진 및 보고
  - 구청에서 사업추진 상황 확인, 경비집행 등
- 구청과 사회단체와 연계한 취약계층 주거환경 개선사업 추진
  - 구청과 관련 사회단체와의 연간 취약계층 지원계획을 수립
  - 구청, 관련 사회단체 한국정리수납협동조합과의 사업추진 MOU 체결
  - 한국정리수납협동조합에서 사회단체 자원봉사단에 대한 교육실시 (정리수납오거나이저 2급과정, 1급과정)
  - 한국정리수납협동조합의 사업 실행 및 결과 보고 (구청, 주민센터 등과 협력 사업으로 진행)

4. 사업추진 규모 및 진행프로세스

- 교육사업 추진 규모
    - 2018년에는 서초구청, 강남구청, 강동구청 등을 중심으로 연2회를 목표(상반기, 하반기)로 추진
    - 교육은 2급과정, 1급과정, 통합과정 등을 고려하여 협의후 추진
- 취약계층 주거환경 개선사업 추진 프로세스
    - 각 구청별 월 2가정 추진 (연간 구청별 24가정)
    - 가정 환경에 따라 진단후에 주거환경개선, 정리수납, 클리닝을 패키지로 진행 (회당 사업비는 500만원 이내 집행)
- 세부 추진방안(예산, 인력, 교육 등)에 대한 세부계획 수립 필요

○○은행 ○○부와의 업무협력 추진방안

1. 목 적
   - ○○은행 ○○부의 시니어 핵심고객에 대한 부가서비스 발굴 지원
   - 조합의 시니어 생활정리(Senior Life Organizing) 사업(교육, 컨설팅, 컨설팅서비스 등)의 확장

2. 업무협력 대상사업
   - 시니어 생활정리 인식전환 프로그램 운영 (교육사업, 1:1 코칭사업)
   - 시니어 생활정리 프로그램 실행 (시니어 정리수납 컨설팅 및 컨설팅 서비스)

3. 세부추진방안

   (1) 시니어 대상 인식전환 프로그램 운영 (교육사업, 1:1코칭사업)
   - 대상 : High Life Style의 시니어 또는 시니어 가족 등
   - 방법 : 시니어의 품격있는 생활 정리(Life Organizing) (특강, 정기 교육 등)
     * 부모님집 정리를 위한 설득법(1:1코칭), 부모님집 정리 필요성
     * 시니어 생활정리 (생전정리, 노전정리, 유품정리)
     * 시니어 생활정리를 위한 30일간의 정리법 (소책자 제작)

   (2) 시니어 대상 정리정돈 프로그램 실행
   - 부모님집 정리를 위한 부모님 설득, 부모님집 정리 수행, 정리결과 피드백 순으로 진행
   - 부모님집정리 대상 : 주방, 옷장, 베란다, 서재, 기타 생활공간

4. 추가 논의 필요사항
   - 인쇄물 제작시 명의 및 비용부담
   - 교육 프로그램 운영시 강의장 위치 및 운영주체
   - 교육시 대상자 교육안내 및 관리 (신청접수 등)

03
B2B 제휴 마케팅 사례

(1) (주)클린광주와 업무협약(MOU) 체결

한국정리수납협동조합(이사장 김민주)은 (주)클린광주(대표 임은애)와 2018년 1월 29일에 (주)클린광주 사무실에서 상호 업무지원을 위한 업무협약(MOU)을 체결하였다.

한국정리수납협동조합(이사장 김민주)은 ㈜클린광주(대표 임은애)와 2018년1월29일 상호 업무지원을 위한 업무협약(MOU)을 체결하였다.

양 기관은 업무협약(MOU)체결을 통하여 한국정리수납협동조합의 정리수납 컨설팅과 ㈜클린광주의 소독·방역·청소와의 시너지 창출을 위한 정보교류 및 협력, 상호교육지원, 홍보 등에 관한 사업을 공동 진행 또는 지원하기로 하였다.

협 약 서

㈜클린광주와 한국정리수납협동조합(이하 '양 기관')은 다음과 같이 업무제휴를 위한 협약을 체결한다.

제1조 (목적)
본 협약은 '양 기관'이 소독·방역·청소와 정리수납 컨설팅의 시너지 창출을 위한 정보교류 및 협력, 상호교육지원, 홍보 등에 관한 사업을 공동 진행 또는 지원함을 목적으로 한다.

제2조 (기본원칙)
'양 기관'은 상호 협력에 있어서 원칙적으로 상대 기관의 제반 규정을 존중하며, 모든 당사자는 신의를 바탕으로 협정 내용을 성실히 이행한다.

제3조 (협력 사항)
'양 기관'은 다음 각 호의 사항에 대하여 협력하기로 한다.
1. 소독·방역·청소와 정리수납 컨설팅의 시너지 창출 방안 연구, 개발 및 사업 협력
2. 소독·방역·청소와 정리수납 컨설팅의 시너지 창출을 위한 상호 교육 지원
3. 소독·방역·청소와 정리수납 컨설팅의 시너지 창출을 위한 유관 단체에의 안내 및 홍보

제4조 (기타사항)
본 협약서에 언급되지 않았거나 협력이 필요한 추가사항에 대하여는 '양 기관'의 합의하에 해당 내용을 추가하거나 별도의 협정을 체결한다.

제5조 (효력)
본 협약을 종료할 경우 문서를 통해 통지한다. 또한 '양 기관'의 협의에 의해 개정할 수 있다.

2018년 1월 29일

㈜ 클 린 광 주
대 표 임 은 애
(서명)

한국정리수납협동조합
이사장 김 민 주
(서명)

한국정리수납협동조합에서는 ㈜클린광주의 직원들의 정리수납 역량 향상을 위하여 2018년1월부터 정리수납 1급과정을 경기도 광주시에 개설하여 교육중에 있다. 앞으로 양 기관은 경기도 광주시와 인접 지역의 정리수납 및 청소와 관련된 교육, 컨설팅, 클리닝 업무에 대한 상호 협력을 더욱 강화해 나갈 예정이다.

(2) 한국청소협동조합과 상호 업무협약(MOU) 체결

한국정리수납협동조합(이사장 김민주)과 한국청소협동조합(이사장 정재현)은 2018년1월12일 17시에 한국청소협동조합 회의실에서 업무제휴를 위한 협약(MOU)을 체결하였다.

양 기관은 각 기관이 보유한 재원을 활용하여 청소와 정리수납 컨설팅의 시너지 창출을 위한 정보교류와 협력, 상호교육지원, 홍보 등에 관한 사업을 공동으로 진행 또는 지원하기로 하였으며, 조속한 시일 내에 실무차원의 협력방안을 모색하기로 하였다.

한국정리수납협동조합(이사장 김민주)과 한국청소협동조합(이사장 정재현)은 2018년1월12일 한국청소협동조합 회의실에서 청소와 정리수납 컨설팅의 시너지 창출을 위한 업무협약(MOU)을 체결하였다.

협   약   서

한국청소직업전문학원과 한국정리수납협동조합(이하 '양 기관')은 다음과 같이 업무제휴를 위한 협약을 체결한다.

제1조 (목적)

본 협약은 '양 기관'이 보유한 재원을 활용하여 청소와 정리수납 컨설팅의 시너지 창출을 위한 정보교류 및 협력, 상호교육지원, 홍보 등에 관한 사업을 공동 진행 또는 지원함을 목적으로 한다.

제2조 (기본원칙)

'양 기관'은 상호 협력에 있어서 원칙적으로 상대 기관의 제반 규정을 존중하며, 모든 당사자는 신의를 바탕으로 협정 내용을 성실히 이행한다.

제3조 (협력 사항)

'양 기관'은 다음 각 호의 사항에 대하여 협력하기로 한다.
1. 청소와 정리수납 컨설팅의 시너지 창출 방안 연구, 개발
2. 청소와 정리수납 컨설팅의 시너지 창출을 위한 상호 교육 지원
3. 청소와 정리수납 컨설팅의 시너지 창출을 위한 산하 조직원에 대한 안내 및 홍보

제4조 (기타사항)

본 협약서에 언급되지 않았거나 협력이 필요한 추가사항에 대하여는 '양 기관'의 합의하에 해당 내용을 추가하거나 별도의 협정을 체결한다.

제5조 (효력)

본 협약을 종료할 경우 문서를 통해 통지한다. 또한 '양 기관'의 협의에 의해 개정할 수 있다.

2018년 1월 12일

한국청소직업전문학원
대표원장 정 재 현
(서명)

한국정리수납협동조합
이사장 김 민 주
(서명)

(3) 고령친화마을 오래오래상점 서비스 사례[26]

● 추진배경

시니어들은 오랫동안 살아온 환경에서 계속해서 살고 싶어한다. 또한 시니어들은 자신들 뿐만 아니라 가족들을 위하여 많은 물건들을 본인이 거주하는 지역의 상점에서 구입하고, 가족들과 식사를 한다. 이러한 시니어들의 지역 상점 이용 상황을 이해하고 이용시 편의성을 높이기 위하여 서울특별시와 서울시복지재단, (사)50플러스코리안, (사)생활환경디자인연구소에서 2017년 시범사업으로 진행하였다. 우리 조합은 사업협력을 위하여 MOU를 체결했던 (사)50플러스코리안의 의뢰를 받아 고령친화마을 조성을 위한 시범사업에 해당하는 은평구 신응암시장 소재 4개, 동작구 성대시장 소재 2개의 가게와 식당에 대한 정리수납 서비스를 수행하였다.

● 오래오래 상점의 의미

'오래오래'는 오랜 세월동안 정겨운 이웃으로 함께 살아간다는 의미를 담고 있다. 또한 '오래오래 상점'은 우리 모두에게 알기 쉽고, 찾아가기 쉬우며, 편안하게 이용할 수 있는 고령친화적인 상점이다.

● 오래오래 상점에 대한 정리수납 추진

조합에서는 오래오래 상점에 대한 정리수납을 추진하기 위하여 오래오래팀을 신설하고 황ㅇㅇ팀장을 임명하였다. 황팀장은 (사)50플러스코리안의 의뢰내용에 따라 은평구 신응암시장과 동작구 성

---

[26] 서울시복지재단,《2017 고령친화마을 시범사업 사업운영보고서》: 서울특별시·서울시복지재단·50플러스코리안·생활환경디자인연구소 공동사업.

대시장 소재의 가게와 식당 중에서 본 사업 참가를 희망하는 가게와 식당을 방문하여 영업시설의 관찰과 사장과의 면담을 통하여 정리수납 추진대상과 추진내용을 결정하였다.

조합에서는 황팀장의 사전 조사 결과에 따라 적정인원 규모를 파악하고 선정하여 일정을 상호 협의하여 참여하도록 안내하였다.

황팀장은 팀을 구성하여 11월16일에는 은평구 신응암시장 소재 4개 가게와 식당을, 11월17일에는 동작구 성대시장 소재 2개의 가게에 대한 정리수납 서비스를 수행하였다. 신응암시장에서는 용암님건어물, 꼭지상회, 종합디지털프라자, 예당떡방의 4개 점포를, 성대시장에서는 약초나라, 고기사랑(정육점)의 2개 점포에 대한 Shop 정리수납 컨설팅과 서비스를 수행하였다.

각 점포의 영위업종에 따라 진열대정리, 카운터 주변정리, 주방정리, 수납공간정리, 공간재배치, 판매대정리, 고객동선 확보, 고객 휴게공간 설치 등 다양한 정리수납 컨설팅 활동을 수행하였다. 판매상품에 대한 정리를 통하여 상품의 가치가 돋보이는 효과를 얻도록 하였으며, 소비자들이 필요한 상품을 보다 용이하게 찾을 수 있도록 전시하여 매출 증대에 기여하였다. 작업자의 동선을 고려한 공간 재배치로 시간을 절약하도록 하였으며, 고객 대기공간을 확보하여 시니어를 비롯한 소비자들의 가게 이용의 편리성과 안전성을 확보하도록 하였다. 이와 함께 판매자들이 이러한 정리수납 상태를 유지할 수 있도록 관련 사항에 대하여 코칭을 실시하였다.

● **향후 추진 시 고려사항**

오래오래 상점과 식당에 대한 정리수납 과정에서 제품의 재배치,

동선을 고려한 집기비품의 재배치 등을 수행하여 상점 운영자와 소비자의 만족도는 매우 높았다는 평가이다. 그러나 상점의 환경개선과 정리수납, 청소에 대한 사전적인 이해가 부족하여 사전 방문시 운영자와의 충분한 안내를 통한 준비가 필요하였다. 상점의 집기비품과 상품에 대한 재배치를 위하여 상점의 특성에 따른 공간배치에 대한 이해가 필요하다는 의견이 있었다. 또한 상점에 대한 정리수납과 함께 이와 관련한 간단 청소가 필요한 경우가 많아 서로 연계된 일괄 서비스로 제공되도록 조합 선생님들의 역량강화가 필요하다는 의견도 고려할만 하다.

신응암시장 (꼭지상회)

정리 전

정리 후

신응암시장 (예당 떡집)

(4) 주요 협력기관 (예시)

한국정리수납현동조합은 지역사회의 다양한 유관기관과 협력하고 있습니다.

- 송파구 SONGPA-GU
- 사회복지공동모금회 사랑의열매
- 송파 사회적경제지원센터 Songpa Social Economy Center
- woman up 중부여성발전센터
- 마천1동주민센터
- 송파여성문화회관 www.songpawoman.org
- 송파구자원봉사센터 Songpa-Gu Volunteer Center
- 50+ KOREAN
- 성북구평생학습관
- 서초문화재단
- 50+ 서울시50플러스 중부캠퍼스 Seoul 50 Plus Central Campus
- 서대문구자원봉사센터 SEODAEMUN-GU VOLUNTEER CENTER
- 심산기념문화센터
-
- 강동학습동행 행복한 꿈의공동체 Gangdong Lifelong Learning Community
- 강남구자원봉사센터
- 성남시여성복지회관 SEONGNAM WOMAN'S CENTER
- 판교종합사회복지관 Pangyo Social Welfare Center
-
-
- NH 관악농협

04
사회복지공동모금회(사랑의 열매) 참여 사례

본 보고서는 2017년 12월14일 사회복지공동모금회의 최종보고회에서 추가 자료로 보고되었다.

[취약계층 주거환경개선사업 추진사례 분석 및 시사점]
- 한국정리수납협동조합(예비사회적기업) 사례를 중심으로

(1) 사업 추진 개요

2017년 서울사회복지공동모금회 지원사업에 송파구사회적경제지원센터에서 기획사업으로 추진한 '지역중심 사회서비스 제공을 위한 사회적경제 협동화 지원사업'으로 참여하게 되었다.

서울시예비사회적기업인 한국정리수납협동조합은 지역사회의 취약계층의 주거환경 개선을 위한 '우리집이 달라졌어요' 사업의 일환으로 정리수납 및 청소를 추진하였다.

동 사업에 대한 중간평가 결과 송파구사회적경제지원센터에 소속

된 사회적경제 기업들 간의 협동시범사업으로 전환하도록 권고하였다. 이에 따라 중간평가 이후에는 배출, 도배장판, 특수청소, 정리수납, 사후코칭을 복합적으로 지원하는 통합서비스를 수행하였다.

(2) 사업 추진 내용

- **사업추진 모델**

한국정리수납협동조합은 본 사업에서 중간평가 이전까지는 '취약계층 주거환경 개선'을 위한 정리수납을 실시하였다. 정리수납 프로세스는 〈그림 4-1〉에서와 같이 송파구사회적경제지원센터(이하 센터)에서 사회복지공동모금회로부터 재정지원을 받고, 센터에서 지역사회단체 등으로부터 지원대상자를 추천을 받아 우리 조합으로 안내 문서를 발송하였다. 조합에서는 센터에서 추천한 지원대상 가구에 대하여 사전방문, 배출과 함께 정리수납, 사후코칭 업무를 단계적으로 수행하였다.

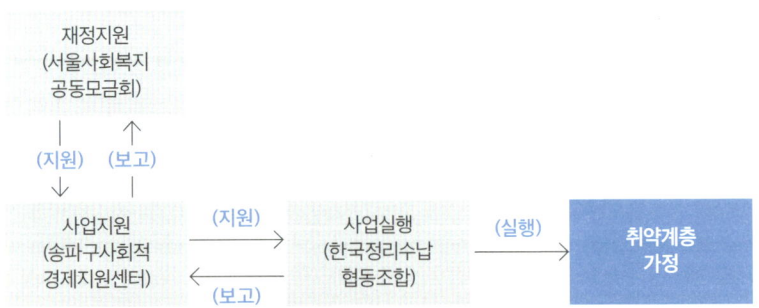

<그림 4-1> 취약계층 주거환경개선사업 추진 모델

- **컨설팅 및 사후코칭 프로세스**

정리수납 컨설팅 및 사후코칭은 다른 취약계층 지원사업과 달리

종합적인 주거환경을 개선하는 사업(배출, 도배장판, 특수청소, 정리수납 컨설팅, 사후코칭 등)으로 추진하였다. 한국정리수납협동조합의 전문가인 오거나이저에 의한 컨설팅과 정리수납 서비스와 일정기간이 경과한 후의 정리수납 사후코칭이 이루어지게 되었다.

<표 4-4> 취약계층 주거환경개선 컨설팅 및 사후코칭 프로세스

① 송파구사회적경제지원센터에서 송파구 관내 주민센터 등 11개 단체의 추천을 받음
② 송파구사회적경제지원센터에서 한국정리수납협동조합으로 취약계층 주거환경개선 의뢰
③ 한국정리수납협동조합에서 취약계층 주거환경개선 월간 정리수납 컨설팅 추진계획수립
④ 한국정리수납협동조합 정리수납 오거나이저의 대상 가정 사전방문
⑤ 사전방문 결과에 따른 정리수납 오거나이저의 적정 참여인원 및 자원봉사자 확보
⑥ 대상 가정에 대한 잡동사니 배출, 도배장판, 특수청소, 정리수납 컨설팅, 사후코칭 실시
⑦ 컨설팅 추진 결과 및 지출결의서 보고
⑧ 한국정리수납협동조합 정리수납 오거나이저에 의한 사후 방문 및 코칭 수행
⑨ 사후코칭 결과보고

- 조사자료 및 분석방법
  ▶ 송파구 사회적경제지원센터의 취약계층 가정 정리수납 요청 공문
  ▶ 한국정리수납협동조합의 정리수납 컨설팅에 참여한 정리수납 오거나이저 사업팀장의 활동결과보고서
  ▶ 한국정리수납협동조합의 정리수납 컨설팅 사후코칭에 참여한 정리수납 오거나이저 사업팀장의 사후코칭 활동결과보고서
  ▶ 한국정리수납협동조합의 정리수납 컨설팅과 사후코칭에 참여한 오거나이저 사업팀장의 FGI를 통한 평점표
  ▶ 분석 : SPSS 18을 활용한 분산분석, t-test 등

(3) 지원 대상자 추천 및 현황
- 지원 대상자 추천
사업추진을 위한 지원대상 가정은 송파구 관내 11개 단체에서 37

가정을 추천받았다. 주요 추천 기관으로는 송파구 보건지소에서 13명, 송파구청 복지정책과 5명, 송파구 정신건강증진센터 5명, 마천2동 주민센터 4명 등으로 지역사회와 밀접한 관계를 맺고 취약계층을 모니터링하고 지원하는 관련 단체로 부터의 추천이 많았다.

<표 4-5> 취약계층 주거환경개선사업 대상자 추천기관 현황

일련번호	추천기관명	추천인원	일련번호	추천기관명	추천인원
1	송파구 보건지소	13명	7	삼전동 주민센터	1명
2	송파구청 복지정책과	5명	8	방이1동 주민센터	1명
3	송파구 정신건강증진센터	5명	9	장지동 주민센터	1명
4	마천2동 주민센터	4명	10	문정1동 주민센터	1명
5	마천종합사회복지관	3명	11	오금동 주민센터	1명
6	송파구 드림스타트	2명	계		37명

● 지원 대상자 현황분석

우리 조합에서 2017년 3월부터 11월까지 진행한 정리수납 컨설팅과 사후코칭 수혜 가정은 37가정으로, 총 수혜인원은 85명으로 확인되었다. 지역의 유관단체에 신청하여 수혜 대상가정으로 선정된 신청자는 남자가 21명(56.8%), 여자 16명(43.2%)으로 확인되었다. 신청자의 연령은 50세이상이 21명으로 56.7%를 차지하였다.

수혜 대상 가정의 상태를 조합의 정리수납 전문가의 도움을 받아 경제적결핍, 건강결핍, 관계결핍으로 구분해 보았다. 경제적 결핍을 겪고 있는 가정은 기초생활수급자 가정이 17명, 차상위계층 가정이 8명으로 확인되었다. 건강결핍을 겪고 있는 가정은 노인가정 13명, 장애우 가정 10명, 알콜중독 또는 간질환 가정 5명으로 확인되었다.

관계결핍을 겪고 있는 것으로 보이는 가정은 관계단절 또는 이혼 가정이 13명으로 확인되었다.

<표 4-6> 대상자 인구통계학적 특성

구 분		인원(명)	점유율(%)	구 분		인원(명)	점유율(%)
성 별	남	21	56.8	연령	70세 이상	9	24.3
	여	16	43.2		60세 이상	3	8.1
가구원수	1명	12	32.4		50세 이상	9	24.3
	2명	12	32.4		40세 이상	10	27.0
	3명	6	16.2		30세 이상	5	13.5
	4명	4	10.8		30세 미만	1	2.7
	5명	3	8.1				
계		37	100.0	계		37	100.0

- 신청자 성별, 연령, 가구원수 간의 교차분석

수혜대상자 중 남자 신청자는 주로 송파구 보건지소, 주민센터 등에서 가구원의 건강 상태나 경제적 상태에 대한 정보를 파악하고 있어 적극적인 추천을 받은 단독가구(12가정)나 2인가구(6가정)가 높은 비중을 차지하였다.

<표 4-7> 사업 대상자 특성별 교차분석표 (단위 : 명)

구 분		신청자 연령						성별		계	%
		70세 이상	60세 이상	50세 이상	40세 이상	30세 이상	30세 미만	남	여		
성별	남	5	2	6	5	2	-	-	-	21	56.8
	여	4	1	3	5	3	-	-	-	16	43.2
가구원수	1명	5	1	4	1		1	12		12	32.4
	2명	3	2	2	4	1		6	6	12	32.4
	3명	1		2	2	1		1	5	6	16.2
	4명				2	2		2	2	4	10.8
	5명					1	1		3	3	8.1
	계	9	3	9	10	5	1	21	16	37	100
	%	24.3	8.1	24.3	27.0	13.5	2.7	56.8	43.2	100	-

(4) 사업추진 효과 분석

- **주거환경 개선효과는 매우 두드러짐**

수혜대상자의 주거상태 개선전의 평가는 평균 1.46점으로 매우 나쁜 상태를 보였다. 조합의 정리수납 컨설팅을 포함하여 도배, 장판이 이루어진 경우에는 주거상태 평가는 평균 3.73점으로 평가되었으며, 평균 2.27점이 향상된 것으로 확인되었다. 노인가구나 건강상태가 좋지 않은 수혜대상자의 경우에 본인이 직접 주거환경을 개선할 능력이 없으나, 외부 전문가의 도움을 받은 경우에는 정리된 상태를 유지하고 있는 것으로 확인되었다. 이러한 결과는 독거노인이나 장애우 가정 등에 대한 외부 전문가의 약간의 도움으로 보다 좋은 주거환경을 유지할 수 있다는 것을 확인하였다.

▶ 남녀 집단별 '정리전 주거상태 평가(평균)'에서는 남녀간의 차이를 확인할 수 있었다($F=4.002$; $p=.053$). 특히 신청자가 남자인 경우에 주거상태가 현저히 나쁜 상태를 보였다.

▶ 남녀 집단별 '정리후 주거상태 유지평가(평균)'에서는 남녀간의 차이를 확인할 수 없었다($F=.101$; $p=.750$).

▶ 남자의 경우 '정리전 주거상태 평가(평균)'과 '정리후 주거상태 유지평가(평균)'의 차이는 통계적으로 유의한 차이가 있음을 확인할 수 있었다($t=-8.167$; $p=.000$).

- 주거상태를 정리한 후에 유지상태를 유지하는 수준(평균 3.67)은 우수한 편임
- 주거상태가 열악한 남자 신청인의 주거상태 개선효과는 두드러진 것으로 확인됨

▶ 여자의 경우에도 '정리전 주거상태 평가(평균)'과 '정리 후 주거

상태 유지평가(평균)'의 차이는 통계적으로 유의한 차이가 있었다(t=-7.764; p=.000).
- 주거상태를 정리한 후에 유지상태를 수준(평균 3.81)은 남자보다 우수하였다.

<표 4-8> 정리 컨설팅 전·후 정리 유지상태 평가

구분 (성별)	정리전 주거상태 평가 (평균)	정리후 주거상태 유지 평가 (평균)	증감	t	p
남	1.24	3.67	2.43	-8.167	.000***
여	1.75	3.81	2.06	-7.764	.000***
계	1.46	3.73	2.27	-11.142	.000***
F	4.002	.101	-	-	-
p	.053*	.750	-	-	-

※ 유의수준 : * p < .10, ** p < .05, *** p < .01

● 개선된 주거환경의 유지수준도 매우 우수함
▶ 37가정중 30가정(81.1%)이 평점 3점(보통) 이상의 평가를 받았다.
- 평점 5점을 받은 가정은 15가정(40.5%), 평점 4점은 8가정(21.6%), 평점 3점은 7가정(18.9%)로 확인되었다.

<표 4-9> 정리 컨설팅 전·후 정리 유지상태 평가

구 분		정리유지상태 평가 결과					계	%
		1점 매우 나쁨	2점 나쁨	3점 보통	4점 좋음	5점 매우 좋음		
성별	남	3		5	6	7	21	56.8
	여	1	3	2	2	8	16	43.2
가구 원수	1명	1		3	4	4	12	32.4
	2명	1	2	2	2	5	12	32.4
	3명		1	2	1	2	6	16.2
	4명	2				2	4	10.8
	5명				1	2	3	8.1
신청자 연령	70세 이상	1		1	3	4	9	24.3
	60세 이상		1		1	1	3	8.1
	50세 이상		1	2	2	4	9	24.3
	40세 이상	1	1	3	1	4	10	27.0
	30세 이상	2		1	1	1	5	13.5
	30세 미만					1	1	2.7
계		4	3	7	8	15	37	100
%		10.8	8.1	18.9	21.6	40.5	100	-

※ 보통(3점)이상자 비율 : 37가정 중 30가정 (81.1%)

3) 사회서비스 경제적 기여도 분석

▶ 한국정리수납협동조합에서 취약계층을 위한 '우리집이 달라졌어요' 프로그램을 통해 제공한 사회서비스의 경제적 기여도는 총 6,700여만원으로 추산되었다.
　- 본 사업의 순 경제적 기여금액은 총 시장가치에서 본 사업지원금액을 차감한 4,357만원으로 산출되었다.

<표 4-10> 조합 사회서비스의 경제적 가치 분석

항 목	기 준	시장가치	본 사업지원금액	차 이
정리수납	37회, 회당 6명 참가	3,700만원	1,644만원	2,056만원
사후코칭	111회, 회당 1명참가	2,220만원	305만원	1,915만원
사전배출	6회, 회당 4명참가	480만원	213만원	267만원
특수청소	5회	300만원	181만원	119만원
계	연간 504명 참여	6,700만원	2,343만원	4,357만원

* 정리수납전 사전방문시 회당 2명참가, 정리수납시 자원봉사자 회당 평균 1~2명 추가참여

(5) 시사점

▶ 취약계층 주거환경개선사업은 지역사회 주민의 삶의 질(Quality of Life) 향상을 위한 효과성이 매우 우수하고 지속가능한 사회적기업의 사업 유형으로 확인되었다.
　- 사회적기업을 통한 취약계층의 지원과 경력단절 여성의 고용창출을 목적으로 하는 정부의 정책에 부합한 사업 유형임
　- 주거환경에 평점이 개선 전 1.46점에서 개선 후 3.73점으로 2.27점 대폭 향상됨
　- 남성의 경우 주거환경이 매우 취약하여 개선효과가 매우 큼
　- 여성의 경우 가구원 수가 많아 수혜인원이 많은 효과가 있음
▶ 취약계층에 대한 주거환경개선사업은 지역기관과의 협력사업으

로 지속될 필요가 있다.
　　- 지역 주민에 대한 생활상태를 구체적으로 파악하고 있는 송파구 관내 11개 단체에서 취약계층 주거환경개선 대상 가정을 추천하였음
　　- 주민의 주거와 건강상태를 잘 파악하고 있는 송파구 보건지소의 추천인원이 13명으로 가장 많은 점을 고려하여, 지역기관과의 협력사업으로 지속될 필요가 있음
▶ 특히 주거환경 개선이후 일정기간이 지난 후 실시하는 정리수납 전문가인 오거나이저의 사후코칭은 매우 효과적임
　　- 본 사업에서는 가정당 사후코칭을 3회 실시하여 지원 가정과의 유대를 가짐
　　- 취약계층에 대한 주거환경의 개선 상태를 유지하고 생활 습관의 변화를 유도하는 일정기간 경과 후의 정리수납 사후코칭으로 생활의 변화(알콜중독치료센터 입주, 운동 시작 등)에 대한 동태적 효과를 기대할 수 있음

2017 사회적경제활성화 지원사업 '우리집이 달라졌어요' 정리수납 컨설팅 참여 사례
(한국정리수납협동조합, 송파구사회적경제지원센터, 사회복지공동모금회 공동사업)

- 취약계층 삶의 질(Quality of life) 향상을 위한 주거환경개선 효과 매우 우수 :
  수혜 37가정 (수혜인원 87명) 주거환경 사전평가 점수 1.46점에서
  → 정리후 사후평가 점수는 3.73점으로 대폭 향상 (5점척도 : 1점 매우나쁨 ~5점 매우우수)
- 37가정 중 30가정(81.8%)이 주거환경개선후 정리유지상태가 보통이상(3점), 지원 효과 우수
- 연간참여인원 504명, 총 사회경제적 기여액은 6,700만원 (지원사업 금액은 2,343만원)

05
서울시 마을공동체 지원사업 참여 사례

(1) 서울시 마을공동체 지원사업의 이해

 서울시를 비롯한 각 자치단체에서 시행하고 있는 마을공동체 지원사업을 이해하고, 조합원들이 지역사회의 공동체의 일원으로서 대표, 사무담당, 강사 등으로 참여하도록 한다. 이를 통하여 지역사회의 사업과 조합원들의 직업 전문성을 연계하는 방법을 소개한다.

- 마을공동체 지원사업 개요

 2018년 서울시에서는 '마을공동체 지원 공모사업'을 지원하고 있다. 지역사회를 연계하는 운영활동을 지원하는 사업으로, 서울시에 거주하거나 생활권인 주민들의 모임을 대상으로 한다. 각 모임별 지원금액은 100~500만원으로, 사업 종류에 따라 3명 또는 5명이상으로 구성된 모임을 지원한다. 매년 2월부터 각 사업별로 세부사업내용을 순차적으로 공고한다. 각 사업의 심사는 1차로 자치구별로, 2차로 서울시 보조금심의위원회에서 심의를 진행한다.

<표 4-11> 서울시 마을공동체 지원사업 개요

- 지원분야 : 지역사회를 연계하는 운영 활동 지원
- 지원대상 : 서울시에 거주하거나 생활권인 주민 모임
- 지원금액 : 모임별 100만원 ~ 500만원
- 참여인원 : 3명 이상 또는 5명 이상
- 접수기간 : 매년 2월부터
- 심사방법 : 1차 자치구별, 2차 서울시 보조금심의위원회

● **마을공동체 지원사업 추진 절차**

마을공동체 지원사업의 일반적인 추진절차는 〈그림 4-2〉와 같다. 서울시에서는 매년 각 사업별로 추진시기를 정하여 세부사항을 공고한다. 각 사업내용에서 정하고 있는 제안서 내용에 따라 제안서를 작성하고, 필요시 사업 유형에 따른 추가 제출서류를 작성하거나 준비하여 제출한다.

각 사업별로 심사를 진행하되, 1차는 자치구에서, 2차는 서울시의 보조금심의위원회에서 진행한다. 각 사업에 대한 심의를 마친후에 지원대상 사업으로 선정이 되면 각 자치구와 사업추진 공동체간에 협약을 체결한다. 이후 사업계획서와 협약내용에 따라 사업을 진행하고, 필요시 서울시나 각 자치구의 컨설팅을 받아서 수행한다.

사업이 진행되는 중간에는 각 사업별로 참여인원, 예산집행, 사업수행내용 등 진행상황을 서류로 정리하고, 필요시 사진이나 동영상 등을 준비한다. 각 사업이 종료되면 각 사업에서 요구하는 정산결과를 작성하여 제출한 후에 평가를 받게 된다.

※ 공모사업 추진 절차(안)

<그림 4-2> 마을공동체 지원사업 추진 절차

<표 4-12> 2018년 마을공동체 지원 공모사업 운영계획(안)

연번	단위 사업명		지원규모 (단위:만원)	사업공고	제안접수	사업기간	추진부서	지원규모 (단위:만원)
1	살기좋은마을만들기		100	2월중	3월중	4월~10월	송파구 자치행정과	2147 2241
2	우리마을활동지원사업		300	2월중	3월중	4월~10월		
3	우리마을공간지원사업		800	1월중	2월중	2월~10월		
4	부모커뮤니티		200	2.5.	2.2.~19.	4월~10월	서울시 여성정책담당관	2133 5023
5	마을미디어		200~1,300	2~3월	2~3월	~11.30.	서울시 문화예술과	2133 2563
6	공동육아		350~1,000	2월	2~3월	~11월말	서울시 보육담당관	2133 5104
7	시민학습프로그램		200~800	'18.1.~3.	3월중	5월~10월	서울시 평생교육과	133 3963
8	학습참여모임		100	'18.1.~3.	4월중	6월~9월		
9	마을예술창작소	신규	~1,000	3.10.	3.17.~22.	5.1.~12.15.	서울시 문화정책과	2133 2541
		연속	~1,500	2.10.	2.13.~20.	4.1.~12.15.		
10	에너지자립마을	신규	~800	2.1.	2.19.~21	3월~12월	서울시 에너지시민협력과	2133 3588
		연속	~3,000		1월	3월~12월		
11	공동주택공동체		100~800	2월	2~3월	~12월	서울시 공동주택과	2133 7134
12	빗물마을		~54,000	'17.12.	'17.12.1.~'18.1.9.	3월~10월	서울시 물순환정책과	2133 3762
13	희망돋움	신규	~300		7~8월중	9월~12월	서울시 주거재생과	2133 7167
		연속	~500			2월~5월		
14	희망지		~12,000	'18.6.~8.	8월중	8월~12월 (2단계'19.1.~6.)		
15	마을기업	신규	~5,000	'17.10월	'17.12.	~12.31.	서울시 사회적경제담당관	2133 5494
		연속	~3,000	'18.3.12.	'18.4.9.~13.	~12.31.		
		예비	~1,000	'18.하반기	'18. 하반기	~12. 31.		

(2) '부모커뮤니티 활성화 지원사업' 참여 사례

[붙임 1-1] 2018 부모커뮤니티 활성화 지원사업 사업제안서

『부모커뮤니티 활성화 지원사업』 사업제안서

모임구분	주민모임(V), 단체( )		연속지원	신규지원(V), 연속지원( )	
제안사업명	역사와 문화예술 (				
사업지역	서울시 송파구				
사업예산	보조금(A)		자부담사업비(B)	총금액(A+B)	
	1,000,000원		(※해당 시 작성)원		원
단체소개 ※단체만 입력	단체구분	비영리민간단체( ), 비영리법인( ), 기타( )			
	기관명		대표자		
	운영진수	명	회원수		명
	설립일자		단체등록번호		
	연락처		이메일		
	주소	서울시 구 동			
주민 모임 소개 ※주민 모임만 입력	모임현황	모임명		설립일자		
		운영진수	4명	회원수		명
	대표제안자 ①	성 명		생년월일		성별	
		핸드폰		이메일		
		집주소	시 구 동			
	대표제안자 ②	성 명		생년월일		성별	
		핸드폰		이메일		
		집주소	시 구 동			
	대표제안자 ③	성 명		생년월일		성별	
		핸드폰		이메일		
		집주소	시 구 동			
실무책임자 ※대표제안자와 같을 경우 성명만 기입	성 명		생년월일		성별	
	핸드폰		이메일		
	집주소	시 구 동			

☐ 개인정보 처리방침에 동의합니다. (개인정보 처리방침 http://www.seoulmaeul.org/programs/user/member/register.asp)

작성한 내용은 사실과 다름없으며, 마을공동체 사업을 신청합니다.
2018년 2월 14일

대표제안자 ① : 김OO   (서명 또는 날인)
대표제안자 ② : 최OO   (서명 또는 날인)
대표제안자 ③ : 양OO   (서명 또는 날인)

※ 주민모임은 대표제안자 3인 모두의 이름, 단체는 단체명을 적어주세요. 온라인 제출시에는 서명날인 생략합니다.
〈구비서류〉 1. 사업계획서 1부. 2. 단체 등록증 사본(제안자가 단체일 경우만 해당) 1부. 3. 개인정보처리 동의서 1부.

송 파 구 청 장 귀 하

【붙임1-2】 2018 부모커뮤니티 활성화 지원사업 사업계획서

『2018 부모커뮤니티 활성화 지원사업』 사업계획서

☐ 제안사업명 : 주민이 제안한 사업명
☐ 모 임 명 :
☐ 모임유형 : 어머니 모임(V), 아버지모임( ), 혼합( )　　(※택1)
☐ 지원분야 : 부모교육( ), 자녀교육( ), 문화프로그램(V),
　　　　　　건강증진( ), 지역봉사( )　　　　　　　(※택1)
☐ 우대대상 : 아버지모임( ), 직장부모(V), 장애자녀부모( ),
　　　　　　'17년 활동모임( ), 신규모임(V)　　　(※중복 가능)
☐ 사업기간 : 2018. 4월 ~ 2018. 10월　(※11월 1일 전까지 반드시 종료)

┌─ 모이게 된 계기 ─┐

- 어린이집을 함께 다니며 5년 동안 우정을 키워온 아이들이 올해 초등학교에 입학하게 되면서 키즈카페와 공원에 한정되어 놀던 아이들에게 더 큰 세상을 바라 볼 수 있는 새롭고 의미있는 활동이 무엇인지 고민을 하게 됨.
- 해외 경험이 풍부한 일하는 엄마, 예술적 감성이 풍부한 미대 나온 엄마, 역사문화에 관심이 풍부한 경력단절 엄마가 함께 의기투합하여 아이들을 위한 활동 프로그램을 직접 만들어 보자고 본격적으로 모임을 결성하기로 함.
- 본 활동의 목적은 단순히 주말 나들이가 아닌 역사와 예술, 다문화를 통해 더 큰 세상을 보고 느끼면서 새로운 시대를 살아갈 아이들의 정서능력을 함양시켜 다양한 꿈을 꿀 수 있도록 하여 미래를 관통하는 인사이트(insight)를 길러주고자 함

┌─ 제안 배경 ─┐

- 제안자들이 살고 있는 송파구 방이동은 특히 유명 학원가 밀집지역으로 공부와 학원에 치이는 아이들을 보며 우리 아이들의 감성을 지키고 미래의 꿈을 찾는데 도움을 주기 위해 본 프로그램을 기획하게 됨.
- 활동 프로그램으로서 보다 내용의 질을 높이고 체계적으로 실행하기 위해 지원을 하게 되었음. 지원 과정에서 프로그램 참여자들의 기획력과 수행능력이 늘어나고 있음.
- 소규모 참여로 제안한 이유는 참여자가 많은 경우 시간조율이 어렵고 인원규모가 늘어나면 운영이 힘들고 지속성을 기대하기 어려운 단점을 극복하기 위해 우선 소규모로 시작하고 다음연도에도 지속적인 활동 및 프로그램 전파를 통해 여러 자매 모임들이 만들어지면 함께 단체 활동 프로그램을 병행할 계획임.

□ 세부사업 운영 계획

세부사업명	실행일정	어떤 이유로 마을에 필요합니까?(목적과 목표)	어떤 내용 입니까? (내용 및 방법)
필수사업 열린마을강좌	2018년 8월 ~ 9월	자격증을 보유한 제안자의 재능기부를 통해 주민들에게 생활정보를 제공	[재능기부 특강] - 프레젠테이션 스킬 특강 (김OO) - 정리수납 특강 (최OO)
세부사업1 오감 투어	2018년 4월 ~ 10월	문화의 키워드인 다문화·예술·역사를 직접 보고 체험할 기회를 아이들에게 체계적으로 제공	* 3가지 테마를 4회씩 6개월 동안 총 12회 진행 [다문화]주한 해외 문화원 견학: 4회 [예술문화] 미술관 및 예술체험: 4회 [역사문화] 박물관 및 유적지 탐방: 4회
세부사업2 심화 활동	2018년 7월 ~ 8월	전문가와의 만남을 통해 주제에 대해 보다 깊이있는 접근이 가능한 경험을 제공	- 역사문화지도사와 함께하는 유적지 탐방 1회 - 전문강사 초빙 강의 1회: 감성 수업
세부사업3 경험이 기억으로	2018년 4월 ~ 10월	홍보활동을 통한 프로그램 전파 및 자매모임 결성 추진	- 블로그 운영 - 프로그램 발표 - 프로그램 소책자 제작

※ 열린 마을강좌(교육)는 필수 사업입니다.
※ 강좌내용은 주민모임의 필요에 따라 구성할 수 있으며, 자치구 마을지원센터 및 마을지원활동가의 추천을 받아 계획할 수 있습니다.

□ 업무분장

성명	담당업무(역할)	연락처	E-mail
김OO	·사업총괄 ·**다문화** 담당: 기획·섭외·컨텐츠 개발 ·재능기부 특강		
최OO	·홍보 담당 ·**예술문화** 담당: 기획·섭외·컨텐츠 개발 ·재능기부 특강		
양OO	·회계 담당 ·**역사문화** 담당: 기획·섭외·컨텐츠 개발 ·소책자 제작		

※ 담당업무(역할) 예시 : 사업총괄, 사업기획, 연락, 홍보, 회계 등

□ 지역자원 활용 및 연계 내용

함께 하는 주민 모임 및 단체	구체적 참여 및 지원 내용
송파구 마을지원센터	자문
송파구 평생학습센터	열린마을강좌 재능기부, 강사 Pool 등록
지역사회교육실천본부	강사초빙, 프로그램 발표 장소 지원

□ 기대하는 점

마을공동체 활동을 통해 기대되는 변화	현재	➡	목표
모임 구성원 수 변화	(3)명	➡	(12)명
핵심 주체(모임을 이끄는 주민) 증가	(3)명	➡	(6)명
새롭게 참여하는 주민의 증가	(3)명	➡	(9)명

□ 예산 계획

1) 총 사업비 : ₩ 2,172,000 (금이백일십칠만이천원)

(단위:원, %)

구분		합계	활동비	업무추진비	사업운영비
보 조 금		1,972,000원	0원	192,000원	1,780,000원
		100%	0%	10%	90%
자 부 담		200,000원	원	원	200,000원
		100%	%	%	100%

2) 사업별 예산 세부계획

(단위:원)

예산 과목		보조금		자부담	
비목		산출내역	금액	산출내역	금액
활동비					
소 계			원		원
업무추진비		-정기회의 다과비 8개월×3명×8,000=192,000원	192,000		
소 계			192,000원		원
사업 운영비	필수사업 열린마을강좌	-현수막 30,000×1회=30,000원 -다과비 3,000×20명×2회=120,000원	150,000	-강사비 (재능활동) 100,000원×2회 =200,000	200,000
	1. 오감투어	-현수막 30,000×1회=30,000원 -입장권(미술관) 10,000×10명×2회=200,000원 -체험재료비(예술체험) 10,000×10명×2회=200,000원 -재료비(유적지 활동) 5,000×10명×2회=100,000원 -다과비 3,000×10명×12회=180,000원	890,000		
	2. 심화 활동	-강사비(역사문화지도사) 150,000원×1회=150,000원 -강사비(감성강사) 150,000원×1회=150,000원 -수업재료비 7,000×10명×2회=140,000원	440,000		
	3. 경험이 기억으로	-체험활동결과지 제작 재료비 (인화,종이,제본등) 15,000원×20권=300,000원	300,000		
소 계			1,972,000원		200,000원
합 계			1,972,000원		200,000원

【붙임1-3】 2018 부모커뮤니티 활성화 지원사업 참여자 명단 및 업무분장표

사업참여자 명단 및 업무분장표

연번	이름	성별	나이	연락처	E-mail	거주지역	담당직무
1	김OO	여					대표제안자
2	최OO	여					대표제안자
3	양OO	여					회계
4							
5							
6							
7							
8							
9							
10							
11							
12							
13							
14							
15							
16							
17							
18							
19							
20							

※ 1개 이상의 세부사업에 참여하고자 하는 의향을 밝힌 이들의 명부를 적어주세요.
※ 1회성의 단순참여자(ex. 공간 및 축제 방문자, 1회성 교육 수강생 등) 및 기존의 모임 구성원 중 마을공동체 지원사업에 참여하지 않는 구성원은 제외합니다. 칸이 부족하면 추가하여 작성하되, 가능한 모든 정보를 기입하여야 합니다. 사업참여자명단은 수기작성 후, 스캔(사진)하여 첨부하여도 좋습니다.
※ 사업참여자명단에 기재된 구성원은 개인정보 처리 동의서를 작성해주시기 바랍니다.
※ 사업 선정 후 협약 시, 사업참여자명단 원본을 제출해주시기 바랍니다.

【붙임1-4】2018 부모커뮤니티 활성화 지원사업 개인정보처리 동의서

송파구 마을공동체 지원사업 개인정보처리(수집·이용·제공) 동의서

　○○구 마을공동체 공모사업 신청인의 모든 개인정보는 '개인정보보호법'에 의하여 안전하게 보관·관리되며, 이용기간 종료 시 지체 없이 폐기합니다.

1. 개인정보 수집·이용 동의(필수)　　　　　　　　　　　　　예☐　　아니오☐

> 1) 개인정보의 수집항목 및 수집방법
>   ○○구는 마을공동체 공모사업 접수 시 다음의 정보를 수집하고 있습니다.
>   가. 수집하는 개인정보의 항목 : 성명, 생년월일, 성별, 집주소, 휴대전화번호, 이메일주소
>   나. 개인정보 수집방법 : 마을공동체 공모사업 신청서를 통한 수집
> 2) 개인정보의 수집·이용목적 및 보유·이용기간
>   서울시 마을공동체 공모사업 신청서를 통해 사업신청일로부터 만3년까지 마을공동체 공모사업 진행을 위한 최소한의 개인정보를 보유 및 이용하게 됩니다.
>
> | 수집하는 개인정보의 항목 | 개인정보의 수집·이용 목적 | 보유 및 이용기간 |
> |---|---|---|
> | 성명, 생년월일, 성별, 집주소, 휴대전화번호, 이메일주소 | 마을공동체 사업 신청자의 본인식별, 연령 및 거주지역 확인, 사업 안내사항 전달, 통계수집 및 사업관리 | 사업 신청일로부터 만3년 |
>
> ※ 정보주체는 개인정보 수집·이용에 대해 거부할 수 있으며, 동의 거부 시 ○○구 마을공동체지원사업 접수가 되지 않습니다.

2. 개인정보 제3자 제공 동의(선택)　　　　　　　　　　　　예☐　　아니오☐

제공받는 자	서울시, 서울시 마을공동체 종합지원센터
제공 받는 자의 개인정보 이용목적	마을공동체사업 통계수집·지원사업정책 개선위한 연구기초자료
제공하는 개인정보 항목	성명, 생년월일, 성별, 집주소, 휴대전화번호, 이메일주소
제공받는 자의 보유·이용기간	사업신청일로부터 만3년

3. 법정 대리인 정보 (※ 정보주체 연령이 만 14세 미만인 경우 필수)

연번	정보주체 성명	정보주체와의 관계	연락처	법정 대리인 성명	동의
1					☐
					☐
					☐
					☐
					☐

※ 만 14세 미만 아동인 경우 반드시 법정대리인의 동의가 필요합니다.
※ 개인정보 제공자가 동의한 내용 외의 다른 목적으로 이용하지 않으며, 정보주체는 개인정보처리자에게 열람, 정정, 삭제를 요구할 수 있습니다.
「개인정보보호법 제15조(개인정보의 수집·이용), 제17조(개인정보의 제공), 제18조(개인정보의 이용·제공 제한, 제22조(동의를 받는 방법)」에 의거 개인정보처리에 관하여 고지를 받았으며 본인은 위와 같이 개인정보 수집 및 이용·제공에 동의합니다.

　　　　　　　　　　　　　　　　　　　　　　　　　　2018년　　　월　　　일

　　　　(서명)　　　(서명)　　　(서명)　　　(서명)　　　(서명)　　　(서명)
　　　　(서명)　　　(서명)　　　(서명)　　　(서명)　　　(서명)　　　(서명)

※ 본 동의서는 선정 후 협약 시 원본을 제출해야 합니다.

(3) 에너지 자립마을 사례

2018년 『에너지자립마을』사업 사업제안서

제안사업명	해OOOO 에너지 지킴이
연차	(2 년 차)
유형	공동주택형(아파트형)

마을명	해OOOOO모임
대표자	OOO (인)

『에너지자립마을 조성사업』제안서

모임구분	주민모임(√), 단체( )		연속지원	연속지원(√), 신규지원( )		
제안사업명	우리아파트 에너지 절약 의식 고취					
사업지역	서울시 서대문구					
사업예산	보조금(A)		자부담사업비(B)		총금액(A+B)	
	10,050,000원		1,000,000원		11,050,000원	

단체소개 ※단체만 입력 (아파트 입주자대표회의 포함)	단체구분	비영리민간단체( ), 비영리법인( ), 기타( )				
	기관명		대표자			
	운영진수	명	회원수			명
	설립일자		단체등록번호			
	연락처		이메일			
	주 소	(도로명 주소)				

주민모임 소개	모임현황	모임명	○○○아파트 에너지지킴이모임	설립일자	2015.7.1		
		운영진수	3명	회원수	111가구		
	대표제안자 ①	성 명		생년월일		성별	남
		핸드폰		이메일			
		집주소	(도로명 주소)				
	대표제안자 ②	성 명		생년월일		성별	여
		핸드폰		이메일			
		집주소	(도로명 주소)				
	대표제안자 ③	성 명		생년월일		성별	여
		핸드폰		이메일			
		집주소	(도로명 주소)				
실무책임자 ※대표제안자와 같을 경우 성명만 기입		성 명		생년월일		성별	
		핸드폰		이메일			
		집주소	(도로명 주소)				

☑ 개인정보 처리방침에 동의합니다. (개인정보 처리방침 http://www.seoulmaeul.org/programs/user/member/register.asp)

작성한 내용은 사실과 다름없으며, 마을공동체 사업을 신청합니다.

2018년 1월 26일

대표제안자 ① : _____ (서명 또는 날인)
대표제안자 ② : _____ (서명 또는 날인)
대표제안자 ③ : _____ (서명 또는 날인)

※ 주민모임은 대표제안자 3인 모두의 이름, 단체는 단체명을 적어주세요. 온라인 제출시에는 서명날인 생략합니다.
〈구비서류〉 1. 사업제안서 1부.   2. 단체 등록증 사본(제안자가 단체일 경우만 해당) 1부.

서 울 특 별 시 장   귀 하

※ 위의 표는 온라인 접수시 홈페이지에 직접 입력하는 항목이며, 본 항목 입력후 구비서류를 첨부하여야 접수가 완료됩니다. 표의 모든 항목은 필수입력사항입니다.

『에너지자립마을 조성사업』 제안서

1. 개요

○ 마을이름 : 해OOOO아파트
○ 사 업 명 : 해OOOO모임
○ 사업지역 : 서울시
○ 대 표 자 : OOO
○ 참여가구(수) : 111가구
○ 사 업 비 : 총11,050,000원 (보조금 : 10,050,000원, 자부담 : 1,000,000원)
○ 사업기간 : 2018. 2월(약정체결일부터)~12월

2. 사업목표 및 비전

○ 사업의 필요성 및 추진배경

입주민들의 관심을 유도한 1년차 활동을 토대로 세대별 에너지 절약 및 생산을 위한 미니태양광 설치, 컨설팅, 공용부분 및 세대의 LED등기구 교체와 전기자동차 충전소 설치로 인한 전기자동차 증차 및 충전구역 확대 등을 진행함으로서 효과적인 에너지 위기 극복에 중점을 두고 추진하고자 함.
 - 입주민들이 소통하고 모일 수 있는 장소인 에너지사랑방을 조성하여 에너지절약을 홍보 및 확산되는 거점 마을을 이루고자 함.
○ '18년도 에너지절감 목표 : 10% 달성(참여가구 : 111가구)

> **모이게 된 계기와 제안배경**
>
> 지하주차장, 공용현관, 엘리베이터 등 공용부문의 조명을 LED로 교체 완료하였으며, 옥상 및 철도변 방음벽라인에 총 54.18kW의 태양광 발전기를 설치하면서 설비부문에 대하여 에너지 절약·생산·효율화 활동은 전개하였으나, 입주민들을 대상으로 세대 LED교체, 입주민들이 전기자동차를 더 많이 구입 참여 할 수 있도록 유도.

※ 기준연도(사업시작 전 2년 평균 사용량) 대비 전력사용량 절감률

○ 마을비전 (3년간)

연차	중점목표	사업내용
1년차	아파트 입주민의 에너지 절약에 참여, 관심유도	- 에너지자립마을 만들기 추진위원회 구성 - 주민·활동가·행정 등 네트워크 조직 - 마을 컨설팅 및 우수마을 탐방 - 기후변화 에너지 절약실천 교육실시 100명 - 에너지 진단 · 컨설팅 50세대 - 에코마일리지 가입 확대
2년차	에너지절약 효율화 에너지 사랑방 만들기	- 1차년도 사업 계속 추진 - 30세대 LED 교체 - 우리 마을만의 스토리 개발 - 세대 및 공용부분 태양광 설치 - 에너지사랑방 인테리어 추진
3년차	절약 사례 인근마을에 홍보 및 확산	- 1,2차년도 사업 계속 추진 - 에너지사랑방 보완 - 에너지진단·컨설턴트 양성

3. 우리 마을공동체 사업 소개

○ 사업지역 및 마을공동체 특징
- 우리 아파트는 서울시 ○○○에 위치한 111세대 단지로 상호간 친밀하게 유대관계가 형성되어 왔습니다.
- 특히 철도 건너편은 마포구이고 우측의 불광천을 경계로는 은평구와 맞닿아 있는 지역으로 경의중앙선, 공항철도 및 6호선 전철이 아파트 옆을 스치듯 지나가는 철도변에 120m 방음벽이 설치 된 환경을 적극 활용하여 방음벽 하부라인과 옥상에 54.18kW를 생산하여 공용부분의 전기를 태양광으로 대체하고 있고
- 또한 2016년 서울시에서 주최하는 '하절기 에너지절약 경진대회'에서 최우수상을 수상하였고, 동년 환경부·기후환경네트워크에서 주관하는 '온실가스1인1톤 줄이기 실천활동 경연대회'에서 장려상을 수상하였으며 2017년도 서울시에서 주최하는 '에너지절약 경진대회'에서도 최우수상을 2연속 수상 등의 성과를 토대로 아파트 세대뿐만 아니라 인접한 주변 주민들도 관심을 갖고 참여하고자 하여 마을명칭을 "○○○에너지지킴이모임"으로 정하여 지속적인 활동 및 확산을 통한 에너지 절약 사업을 추진하겠습니다.

○ 주요 마을전경

　　아파트 전경(태양광설치)　　　　지하주차장(LED)　　　　마을입구(공용전기=0)

○ 마을공동체 소개하기 (추진모임/조직)

모임(조직)명	구성원	활동소개
○○○에너지 지킴이모임	입주자대표회의대표 1인외, 활동가 3인	- 에너지자립마을 추진 내용과 에너지절약 실적을 보고하고 토의
경로당	회장 외 20명	- 에너지절약 사례 소개 및 홍보 확산

4. 사업 운영계획

1) 세부사업별 운영계획

세부사업명	사업목표(구체적 변화내용)	일정(월)	추진내용 및 방법
1.주민어울림/ 우수마을 방문.견학	에너지공동체를 형성을 위한 교육운영	3-11월	외부전문강사 6회 추진
	우수에너지자립마을 방문을 통한 벤치마킹을 통한 특성화 강화(6회)	4월	상암동 드림센타견학, 돈의문센트레빌 방문
		5월	홍은 극동에너지자립마을 방문
		6월	완주군 고산 덕암마을 견학
		7월	호박골마을 견학
		8월	창신아파트 방문
		9월	현대푸르미마을 방문
2.에너지 효율화사업	에너지절약 생활화를 위한 실천사업	4월	에너지컨설팅교육1회(진단컨설팅 활동가 양성)
		5월	컨설팅 세대 공고후 대상세대 확정-홍보및모집
		5-8월	컨설팅 30세대 실시 세대LED교체 추진(10세대)
			효율화개선사업
3.에너지 행사추진	①가족이 함께 에너지를 절약하는 문화형성으로 에너지위기 및 탈원전에 대한 관심 확산 ②미세먼지 없는 아파트 만들기 ③전기차 구입 독려	6-9월	불끄기 행사 추진(4회)
		수시	미세먼지 캠페인 (4회)

※ 필수사업(마을컨설팅 2회 이상): 마을 상하반기 외부 전문가 초청, 실무행정 및 마을사업 방향 등 자문 요청

2) 주민참여 확대방안

구분	추진내용 및 방법
주민의견 청취방안	- 회의, 간담회를 통해 의견 청취 - 아파트 관내 방송 활용 - 의결사항 등을 게시물과 대면 소통으로 의견 청취
홍보방안	- 현수막 부착 - 게시판 및 엘리베이터 홍보물 부착 등 - 서대문구청 환경과의 협조를 받아 서대문구청 홈페이지에 홍보

3) 지역자원 활용방안   ※ 지역소재 자원을 중심으로 기입

지원방안	단체명/이름	참여내용(역할)
함께 하는 단체/공공기관	서대문구청 환경과	홍보, 외부전문가 섭외, 자문 등
	북가좌동 주민센터	회의장소 제공 및 홍보
함께 하는 외부전문가	서대문구청 관내 에너지자립마을	관내 에너지자립마을 우수사례 자문
	동부센트레빌아파트 활동가 김선구대표	활동관련 자문

4) 업무 분장안

성명	담당업무(역할)	연락처	E-mail
	사업총괄 및 기획		
	교육 및 컨설팅		
	홍보 및 연락		
	회 계		

※ 담당업무(역할) 예시 : 사업총괄, 사업기획, 연락, 홍보, 회계, 사업진행 등

5) 사업추진 결과 기대하는 점

사업을 통해 기대하는 지역 및 공동체의 변화
정성적인 부문 - 생활 속 에너지 절감을 통한 원전하나 줄이기에 동참 유도 - 입주민들의 에너지에 대한 관심 및 이해제고 **정량적인 부문** - 중점추진세대 111세대가 에너지 절약 5~10% 달성 전망 - 에너지 진단·컨설팅 30세대 - 우수마을 탐방 및 에너지 교육 총 12회로 마을 에너지활동가 양성 - 에코마일리지 가입세대 확대 - 단지 내 게시판, 엘리베이터 등에 안내 브로셔 부착(8개월) - 단지 내 에너지 절약 캠페인, 지구촌 불끄기의 날, 미세먼지 캠페인등

5. 예산 계획

1) 자부담 확보 방안

- 입주자대표회의에 사업을 설명하고 지원요청
- 참여 세대의 회비 납부

2) 사업비 구성

구분		합계	사업운영비	시설비	업무진행비	활동비
총 사업비		11,500천원	9,370천원	0천원	960천원	720천원
		100%	85%	0%	9%	7%
보 조 금		10,050천원	8,370천원	0천원	960천원	720천원
		100%	35%	0%	10%	7%
자 부 담		1,000천원	1,000천원	0천원	0천원	천원

3) 비목별 예산 계획 ※ 예산편성기준표 의거 작성, 보조금의 자부담 10% 반영

(단위: 천원,%)

세부사업명	예산과목		금액		산출내역	
	비목	편성항목	보조금		보조금	자부담
총 계			10,050	1,000		
총계 개별사업 + 업무진행비	사업운영비	소 계	8,370			
		① 홍보인쇄비	400			
		② 소모성물품구입비, 임차료	4,850			
		③ 교통비 및 숙박비, 식비, 다과비	1,420			
		④ 인건비 (회의비,심사비 원고비 강사비, 공연비)	1,700	1,000	④ 인건비 개인에게 지급되는 비용 ⑥ 활동비성 경비 (단순활동비 포함)	
		⑤ 기타 (입장료,여행자보험 등)				
	활동비	소 계(7%)	720			
		⑥ 활동비성 경비	720			
	시설비	소 계(%)				
		⑦ 시설공사비				
		⑧ 물품취득비				

세부사업명	예산과목		금액		산출내역	
	비목	편성항목	보조금		보조금	자부담
	업무진행비	소 계 (10%)	960			
		⑨ 사업추진시 또는 대표 제안자 3인 부수경비	960			
	총 계		3,664			
1.주민어울림	사업운영비	① 홍보인쇄비	100		-현수막 50천원×2개=100천원	
		② 소모성물품구입비, 임차료	900		-에너지효율화용품 5천원×30명×6회 =900천원	
		③ 교통비 및 숙박비, 식비, 다과비	1,164		-다과비 3천원×30명×6회 =540천원 -식대비 8천원×30명×6회 =240천원 -추진단식대 8천원×4명×12회 =384천원	
		④ 회의비, 심사비, 원고비, 강사비, 공연비	1,500		-강사료 150천원×6회=900천원 -탐방강사료 100천원×6회=600천원	
		⑤ 기타 (입장료,여행자보험 등)				
	활동비	소 계 (%)				
		⑥ 활동비성 경비				
	시설비	소 계 (%)				
		⑦ 시설공사비				
		⑧ 물품취득비				
	업무진행비	소 계 (%)				
		⑨ 사업추진시 또는 대표제안자 3인 부수경비				
	총 계		2,650	1,000		
2.에너지효율화사업		소 계	2,650	1,000		
	사업운영비	① 홍보인쇄비	100		-현수막 50천원×2개=100천원	
		② 소모성물품구입비, 임차료	2,350		-에너지효율화용품 7천원×50개=350천원 -옥상쿨루프 단열재료비=2,000천원 *58,000원(3.3㎡당, 상도,중도 포함)×35㎡=2,000천원	

세부사업명	비목	예산과목 편성항목	금액 보조금		산출내역 보조금	자부담
		③ 교통비 및 숙박비, 식비, 다과비				
		④ 회의비, 심사비, 원고비, 강사비, 공연비	200	1,000	-강사료 200천원×1회=200천원	-대표자 강사료 100천원×10회=1,000천원
		⑤ 기타 (입장료, 여행자보험 등)				
	활동비	소 계 (%)				
		⑥ 활동비성 경비				
	시설비	소 계 (%)				
		⑦ 시설공사비				
		⑧ 물품취득비				
	업무진행비	소 계 (%)				
		⑨ 사업추진시 또는 대표제안자 3인 부수경비				
		총 계	2,056			
3.에너지 행사 추진	사업운영비	소 계	2,056			
		① 홍보인쇄비	200		-현수막 50천원×4개=200천원	
		② 소모성물품구입비, 임차료	1,600		-에너지효율화용품 5천원×40명×8회=1,600천원	
		③ 교통비 및 숙박비, 식비, 다과비	256		-추진단식사비 8천원×4명×8회=256천원	
		④ 회의비, 심사비, 원고비, 강사비, 공연비				
		⑤ 기타 (입장료, 여행자보험 등)				
	활동비	소 계 (%)				
		⑥ 활동비성 경비				
	시설비	소 계 (%)				
		⑦ 시설공사비				
		⑧ 물품취득비				
	업무진행비	소 계 (%)				
		⑨ 사업추진시 또는 대표제안자 3인 부수경비				
		총 계	1,680			
		소 계	1,680			
		① 홍보인쇄비				
		② 소모성물품구입비, 임차료				
		③ 교통비 및 숙박비, 식비, 다과비				

세부사업명	비목	예산과목 편성항목	금액 보조금	산출내역 보조금	자부담
		④ 회의비,심사비 원고비 강사비, 공연비			
		⑤ 기타 (입장료,여행자보험 등)			
	활동비	소 계(%)	720		
		⑥ 활동비성 경비	720	=10천원×월4회×2시간×9개월=720천원	
	시설비	소 계(%)			
		⑦ 시설공사비			
		⑧ 물품취득비			
	업무진행비	소 계(%)	960		
		⑨ 사업추진시 또는 대표제안자 3인 부수경비	960	−추진단식사비 8천원×5명×24회=960천원	

06
하남시 일자리 창출 아이디어 공모전 참여 사례

(1) 공모전 개요

(2) 참여 사례

| 붙임 2 | 공모 참가신청서 및 제안서 서식 |

『알쓸새잡(JOB) 하남시 일자리 창출 아이디어 공모전』참가신청서

참가자	사업명	맞벌이 가정과 경력단절 여성을 연결하는 매칭 프로젝트
	성 명	
	연락처	

아이디어 제안 요약		
분 야	여성 일자리 창출방안	

본 매칭 프로젝트는 아파트 공동체 내에서의 경력단절 여성과 맞벌이 가정을 연결하는 일자리(홈케어 전문가) 창출 프로그램임.

▶ 늘어나는 맞벌이 가정의 가사업무와 육아로 인한 어려움을 해소하기 위해 돌봄 서비스를 원하지만, 믿고 맡길 수 있는 인력을 구하기 힘든 상황임.
▶ 경력단절 여성들은 일자리를 찾으나 마땅한 일자리가 없어 홈케어 전문가 교육을 통한 자격취득으로 같은 단지 내에서 일자리를 얻을 수 있도록 함.

※ 위 제안과 동일 내용으로 타기관 등 중복 제안 여부(체크 표시)	예 ( ) / 아니오 (√)

위와 같이 『일자리창출 아이디어 공모』참가신청서를 제출합니다.

2018년 2월 28일

신청인 :   (서명 또는 날인)

하 남 시 장 귀하

개인정보의 수집·이용에 관한 사항

일자리창출 아이디어 공모전 개최와 관련하여 아래와 같이 귀하의 개인정보를 수집·이용하기 위하여 「개인정보보호법」 제15조에 따라 관련 사항을 고지하오니 동의하여 주시기 바랍니다.
☐ 개인정보의 수집·이용 목적 : 일자리창출 아이디어 공모전 참여자 접수, 심사, 선정 결과 발표
☐ 지방자치단체가 수집·이용할 개인정보 항목 : 성명, 전화번호, 휴대전화번호, 이메일
☐ 개인정보의 보유, 이용기간 : 일자리창출 아이디어 공모전 심사, 결과 발표, 1년간 보유 및 이용 후 파기
※주의사항 : 귀하는 상기 동의를 거부할 수 있습니다. 다만, 이에 대한 동의를 하지 않을 경우에는 심사에 부득이 하게 제한 될 수 있음을 알려 드립니다.

동의함 ☑   동의안함 ☐

『알쓸새잡(JOB) 하남시 일자리 창출 아이디어 공모』 제안서

사 업 명	맞벌이 가정과 경력단절 여성을 연결하는 매칭 프로젝트
사업분야	경력단절 여성 일자리 창출 방안

1. 사업제안의 배경

본 '매칭 프로젝트'는 아파트 공동체 내에서 가사와 육아 돌봄 서비스를 필요로 하는 맞벌이 가정과 일자리를 원하는 경력단절 여성들을 홈케어 전문교육을 실시 한 후, 두 가정을 매칭해 주는 프로그램이다.

<표> 사업제안 주요내용

맞벌이가정  경력단절 여성

▶ 맞벌이 부부의 특징
1. 가정의 경제적 여유
2. 자기 발전과 성취감
3. 가사업무나 육아로 인한 스트레스와 갈등이 늘어남.
   1) 가사업무의 부담
      아침에는 회사로 출근하고, 저녁에는 집으로 출근하는 부담감으로 체력적, 정신적으로 힘이 들고 지쳐서 아이들과의 소통시간 줄어듦.
   2) 출퇴근 시간과 아이들의 등하교 시간의 차이로 인하여 다른 사람의 보살핌이 필요함.
   3) 출퇴근 전후의 시간에는 가사업무로 인하여 아이들과의 소통시간이 절대적으로 부족하여, 아이의 정서 발달에 영향을 줄 수 있음.

위의 3가지 문제의 해결을 위하여 믿고 맡길 수 있는 홈케어 전문가를 구하는데 어려움을 느끼고 있다.

▶ 그러나 결혼과 육아로 인한 경력단절 여성들은 재취업의 기회가 많지 않다. 이러한 재취업을 준비하는 경력단절여성들에게는 주부 경력이 큰 장점으로 부각될 수 있으며 현장에 맞는 교육을 통하여 맞벌이 가정을 위한 홈케어 전문 인력으로 양성할 수 있다.

이렇게 양성된 전문 인력과 맞벌이 가정의 매칭이 시너지 효과를 극대화시켜줄 것으로 예상된다.

2. 사업내용

○ 사업의 주요 내용

맞벌이 가정의 가사와 육아의 어려움을 해결하고, 경력단절 여성에게는 주부 경력에 기반으로 한 홈케어 전문가를 양성하여 같은 아파트 공동체내에서 매칭하여 주는 사업.

홈케어 전문가는 가사업무를 위한 정리수납과 청소의 전문성, 방과후 아이를 케어할 수 있는 교육을 통해 양성 → 재취업을 원하는 여성들을 대상으로 주부로서의 경력에 정리수납교육, 가정청소 관련 교육, 아동심리에 관한 교육을 실시함.

○ 사업 실현 가능성

공동체 내에서 지역사회의 교육프로그램 유치로 홈케어 전문가를 양성 후, 맞벌이 가정을 매칭하면 상호간의 신뢰성과 사업의 안정성을 이룰 수 있음.

○ 주요 수혜자 유형 및 수혜내용

1. 신뢰성 - 공동체 내에서 추천하는 전문가
2. 전문성 - 교육을 통한 전문성
3. 접근의 용이성 - 공동체 내 매칭
4. 재능기부와 연계하여 지역사회 공헌

○ 추진전략 및 세부 실행계획

하남시에 거주하는 경력단절 여성 및 재취업을 원하는 여성들을 대상으로 정리수납 교육, 가정청소 교육, 아동심리 교육을 실시함.

정리수납		청소		아동심리	
주방 냉장고 옷장 기타공간	각 2시간 합 8시간	세탁 관리 청소 관리 식재료관리	각 2시간 합 6시간	아동심리의 이해	6시간

2. 사업내용

○ 연도별 추진계획

- 2018년 상반기 중에 교육 커리큘럼 작성, 홍보 신청자 모집 하반기 아파트 1개 단지 선정 후 시범사업 실시.
- 2019년 상반기에부터 2개 단지이상 확대 선정 사업을 실시.

<표> 연도별 추진계획

사업추진내용	2018년											
	1월	2월	3월	4월	5월	6월	7월	8월	9월	10월	11월	12월
*강사섭외및 컬리큘럼 작성				→								
*홍보 및 신청자 모집					→							
*교육								→				
*매칭												→

3. 일자리창출 효과

○ 홈케어 전문교육 이수자는 본인의사에 따라 100% 일자리를 가질 수 있음.

○ 맞벌이 가정의 홈케어 전문가의 필요뿐 아니라, 대부분의 가정들이 많은 물건들로 인한 스트레스와 공간 활용이 비효율적이며, 현대 사회에서는 정리수납전문가(주변환경전문가)의 수요가 늘어나고 있는 실정이므로 이사 후 정리서비스 등 다른 분야로의 일자리 창출도 가능함.

4. 기대효과

○ 경력단절 여성의 재취업 기회 제공
경력단절 여성에게는 일자리를 창출하고, 홈케어 전문가가 필요한 맞벌이 가정에서는 같은 단지 내 주민들이기에 안심하고 맡길 수 있어, 외부인보다 선호도가 높을 것으로 예상됨.

○ 사회서비스 분야에서도 활동이 가능
취약계층을 포함한 한부모 가정, 조손 가정에 정리수납과 청소서비스를 제공하는 사회서비스 분야에서도 활동이 가능하며, 이러한 인력의 활용으로 하남시민의 행복지수가 높아질 것으로 예상됨.

07
LH공사 열린혁신 아이디어 공모 참여 사례

(1) 공모전 개요

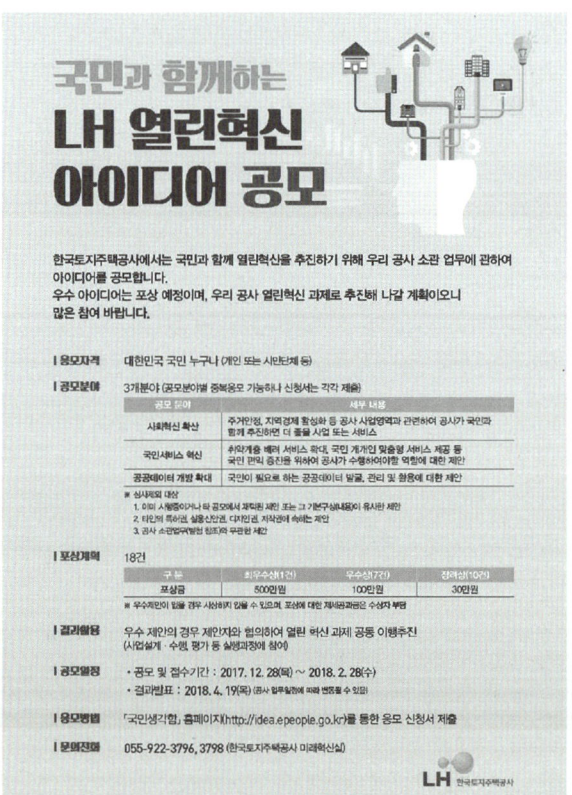

(2) 참여 사례

**한국토지주택공사(이하 LH공사)와 한국정리수납협동조합 간의
사회공헌사업 '우리집이 달라졌어요' 제안**

1. 제안목적

   ○ LH공사의 주거복지사업인 임대사업과 임대시설에 입주한 사회적 취약계층에 대한 사회공헌사업의 지원
   ○ LH공사의 임대아파트(영구임대, 국민임대, 맞춤형 임대주택)에 입주한 사회적 취약계층의 주거공간 환경개선 지원
   ○ LH공사의 공간관리와 사회공헌을 통한 브랜드가치 창출 지원
   ○ 한국정리협동조합의 정리수납과 청소대행서비스와의 공동사업 추진

2. 제안추진 배경

   (1) LH공사의 사회봉사 경험

   ○ LH공공임대아파트 내 쓰레기집이 2014년 292세대가 발견됨 (신문기사)
      (http://www.mdtoday.co.kr/mdtoday/index.html?no=259325)
      - 영구임대 226세대, 국민임대 53세대, 50년공공임대 13세대 등
      - 서울 51세대, 경기 39세대, 인천 37세대 등
      - 한 세대를 정리하는데 드는 비용은 487만원 소요
        (폐기물처리, 도배장판, 주방가구교체, 실내소독 등)
      - 쓰레기집은 한번 치운다고 끝나는 것이 아니라 재발가능성이 높음

   (2) 한국정리수납협동조합의 사회적 서비스 경험

   ○ 송파구청, 사랑의 열매 등과 추진하고 있는 취약계층에 대한 주거환경개선사업
     (우리집이 달라졌어요)에서 LH공사의 임대아파트에 거주하고 있는 사례가 다수 있음
      - 2017년 5월 1일 : LH공사 임대아파트(송파구 관내, 차**)
      - 2017년 6월26일 : LH공사 임대아파트(송파구 관내, 윤**)
      - 2017년 7월18일 : LH공사 임대아파트(송파구 관내, 장**)

○ 본 조합에서는 LH공사의 공공임대아파트에 거주하는 취약계층에게 사회적 서비스(정리수납)를 제공하면서 LH공사의 브랜드 관리를 위한 협력 사업의 필요성을 인식함

〈 LH공공임대주택 정리수납 전·후 사진자료 〉

구 분	정리수납 전	정리수납 후
2017.5.1.		
2017.6.26.		
2017.7.18.		

3. 공동협력사업명

   LH공사와 한국정리수납협동조합이 함께하는 '우리집이 달라졌어요' (가칭)

4. 사업추진 방식

   본 사업은 LH공사의 연간 지원계획에 따라 한국정리수납협동조합에서 세부사업을
   실행하는 방식으로 진행

   - LH공사에서 사회공헌 차원에서 연간 지원계획을 수립
   - 한국정리수납협동조합과의 연간 사업계획 추진에 대한 MOU 체결
   - 한국정리수납협동조합에서 LH공사의 자원봉사단에 대한 교육실시
     (정리수납오거나이저 2급과정, 1급과정)
   - 한국정리수납협동조합의 사업 실행 및 결과 보고
     (구청, 주민센터 등과 협력 사업으로 진행)

5. 사업추진 규모 및 진행프로세스

   ○ 사업추진 규모
   - 서울시내 LH공공임대주택 단지 중에서 선정
   - 입주민을 대상으로 정리수납 교육 실시
     (주1회, 회당 2시간, 총4회(8시간), 무료)
   - 교육에 참여한 세대 중에서 월 2가구를 선정하여 사업을 추진함
     (월 2가구, 연간 24가구 사업진행; 한국정리수납협동조합 전문가, LH공사
     자원봉사자, 입주민 교육생 참여)

   ○ 사업추진 프로세스
   1) 연간 사업계획 수립 (한국정리수납협동조합)
   2) 교육대상 단지 선정 및 지원 대상 가구 선정
   3) 지원대상 가구 사전 방문 및 안내
   4) 정리수납 실행 및 실행결과 보고
   5) 컨설팅 사후관리(코칭)

   ○ 세부 추진방안(예산, 인력, 교육 등)에 대한 세부계획 수립 필요

08
와부읍주민자치센터 강좌개설 사례

　정리수납 강좌를 개설하기 위해서는 정리수납 강좌의 특성과 함께 지역 주민들의 니즈에 부합하도록 강좌명과 프로그램을 준비하여야 한다. 특히 지역주민 프로그램에 강점이 있는 지역주민자치센터의 강좌개설 니즈를 고려하여야 한다. 주민자치센터의 강좌개설 사례 중 '와부읍주민자치센터'의 강좌 개설 사례는 강좌개설을 위한 접촉, 협의, 강좌명, 프로그램 준비 등에 대하여 조합원 모두가 공유할 만한 사례로 보여 소개한다.

　조합에서는 경기 북부지역의 지역발전에 따라 지역주민들의 정리수납에 대한 니즈가 있음을 고려하여, 봄을 맞이하면서 지역주민에 대한 강좌 프로그램을 준비하고 있는 지역교육기관들에 대하여 정리수납 강좌 개설 안내를 시작하였다. 경기 북부지역은 새로이 조성된 아파트 단지가 많아 젊은 주부들이 가정의 행복과 쾌적함을 위하여 다양한 문화강좌를 수강하고자하는 니즈가 있는 것으로 파악되었다. 이러한 지역주민의 니즈에 부합하는 경기 북부지역의 교육기관들을 선별하고, 각각의 교육기관에 적합한 정리수납 강의 프로그램으로 4주, 8주, 12주 강의를 제안하는 문서를 발송하였다.

문서를 접수한 경기북부지역 교육기관들 중에서 봄을 맞이하여 내 집의 정리정돈을 원하는 지역주민을 위하여 정리수납 강좌를 개설을 원하는 '와부읍주민자치센터'의 연락을 받아 수강기간, 수강시간, 수강요일, 신청기간 및 수강료, 모집인원 등에 대하여 구체적으로 협의하였다. 협의결과를 토대로 취미&특강으로 '정리수납취미반(4주 특강)'이 개설되었다. 본 강좌는 정리수납오거나이저 2급과정을 기본으로 구성되었으며, 2018년 4월 6일부터 시작하였다.

본 사례는 지역단위의 강좌에 대한 니즈파악, 지역교육 기관 선별과 지역교육기관에 대한 문서발송 등 접근프로세스로 교육기관 담당자와의 협의 과정, 강좌 타이틀 및 운영내용 협의 등 세부적인 프로세스에 대하여 관심을 갖고 살펴볼 필요가 있다.

* 2018년 4월 강좌 운영프로그램 중에서 인용(2018.3.30.)

<그림 4-2> 와부읍주민자치센터 홈페이지

V

B2C 마케팅 추진 사례

01
정리수납 컨설팅 서비스 사례

(1) 위례 신도시 컨설팅 서비스 사례 (홈페이지, SNS활용)

위례 신도시에 입주한 어린자녀를 둔 젊은 부부 가정의 주부가 조합의 카페에 질문을 하면서 상담이 시작된 사례이다. 고객의 입장에서는 집을 공개해야 하는 부담, 정리수납 컨설팅 가격에 대한 부담, 일정을 맞추어야 하는 부담 등으로 고객에 대한 적극적인 상담이 필요하여 실제 컨설팅까지 오래 걸린 사례이다.

[컨설팅 상담 과정]

▶ 2017.9.14. 조합 카페 질문등록
  "26평 아파트입니다. 컨설팅 받고 싶습니다."
  (어른 2, 아이 1 거주하고 있습니다)
▶ 2017.9.14. 질문에 대한 답글 등록 (쪽지 드렸습니다.)
  김○○ 팀장께서 쪽지로 본인 소개, 전화번호, 연락주세요~ 등을 등록함, 고객께서 계속 근무중인 관계로 저녁에 전화를 주기

로 하였는데 연락이 없음
- ▶ 2017. 9. 17. 김○○ 팀장께서 다시 채팅으로 인사를 드림
- ▶ 2017. 9. 19. 고객으로부터 저녁시간에 전화가 옴
  - 컨설팅 비용과 컨설팅 과정 등에 대하여 궁금해 하였으나, 비싸다고 하지 않겠다고 함
  - 김○○ 팀장께서는 금액이 비싸다는 것은 인정하면서, 부담스러우면 원하는 공간만도 가능하다는 점을 안내함
  - 일단 방문상담으로 설득하고, 저렴한 곳도 있다는 점을 강조하였으며, 고객은 안할 수도 있어 방문하는 것을 부담스러워하며, 다음에 연락드리겠다고 함
  - 김○○ 팀장께서는 계속하여 방문상담으로 유도하면서, 주말이나 저녁도 괜찮다는 점을 강조함. 방문일정을 일요일 오전으로 결정(주소는 더 생각해 보고 알려주기로 함)
- ▶ 2017. 9. 23. 주소를 알려주기로 하는 연락이 오지 않자 다시 문자로 설득하여 주소를 받음

[방문 상담과 컨설팅 실행]
- ▶ 2017. 9. 24.
  - 일요일 오전에 김○○ 팀장께서 고객을 방문함
  - 고객은 여전히 비싸다는 점을 강조함
  - 고객이 정리 리바운드를 걱정하여, 습관을 들여 보자고 설득, 아이에게 쾌적한 공간을 제공하여야 한다는 점 등을 오거나이저 정신으로 설득함
  - 고객은 대학강사라 12월쯤에 다시 생각해보겠다고 하여 김○○

팀장께서는 토요일도 가능하다고 고객 일정에 맞춤으로 권유
- ▶ 2017.9.24. 일요일 늦은 시간에 9월30일(토) 가능하냐고 문의함
- ▶ 2017.9.30. 컨설팅 실시 (김○○ 팀장외 6명 컨설팅 참여)
- ▶ 2017.10월중 재방문 AS실시. 컨설팅 시에 부족했던 부분인 책장에 대한 재정리를 위하여 AS차원에서 재방문을 하였으며, 책장의 책들에 대해 세세하게 살펴본 후에 책장 하나를 배출하였음. 고객이 매우 흡족해 하였음

(2) 샵 (성형외과/피부관리) 정리수납 & 컨설팅 사례

본 사례는 샵에 대한 정리수납 컨설팅 사례이다. 지인에 의한 고객 소개로 진행된 사례로 고객의 샵에 대한 방문과 견적산출이 중요하였다. 또한 컨설팅 진행과정에서 발생하는 팀장의 고객과의 커뮤니케이션의 중요성과 추가적인 요구사항에 대한 시의 적절한 대응에 주목할 필요가 있는 사례이다.

[방문 요청 및 견적 수행]

- ▶ 2017.10.26.
  - 이사장 지인의 소개 : 정리수납에 대한 견적 요청(연락처를 카톡으로 받음)
- ▶ 2017.10.27. 오후에 전화로 고객상담 (오후 3시 방문약속 잡음)
- ▶ 2017.10.27. 오후 3시에 방문하여 견적서 작성 (방문견적)
  - 성형외과와 피부관리를 하는 병원에 적합한 청결과 위생에 대하여 중점적으로 커뮤니케이션을 함
  - 병원은 신뢰도가 중요하므로 산만한 느낌은 고객에게 신뢰를

주기가 어렵다는 점을 강하게 어필함
- 고객이 우리의 사업범위를 넘어서는 싱크대 교체, 수납장 위치변경 등을 요청하였으나 다음 기회에 하도록 설득함
- 이번 컨설팅은 정리수납과 위생에 중점을 두었으며, MOU를 맺은 전문 청소업체와 진행하기로 함
- 견적시 비싸다는 의견에 대하여 적극 설득함
  - 병원의 짐과 장을 옮겨야 하는 업무가 추가됨
  - 좁은 공간(3개)에서 독립적으로 작업을 해야하는 특수성으로 인하여 추가 필요한 인원에 대하여 지출되는 인건비가 발생함을 어필
  - 체크리스트 작성하면서 일정 금액을 할인해 줌
  - 고객의 요구에 맞게 청결과 위생면에서 만족하게 해드릴 것을 약속드림
- 팀장은 견적을 산출하면서 오후3시 이전에 컨설팅이 마무리 되도록 계약을 체결하고, 팀원의 전문성을 고려(교육생 등)하여 인원을 여유있게 구성하여야 함

[샵(성형외과)에 대한 컨설팅 수행]

▶ 2017.11.12.(일) 9시~15시까지 컨설팅 수행
- 원장실(VIP실), 피부관리실, 수술준비실, 탈의실로 구성
- 원장실(VIP실)은 산만하고 비위생적이다는 느낌이 강하였음
  - 깔끔하게 청소와 정리를 하고, 기계는 자주 사용하는 것을 중심으로 재배치함
  - 침대위치를 변경하고, 침대를 구분하는 커튼을 천정에 설치

(천정의 석고보드의 강도가 약한 점을 고려하였어야 함)
- 피부관리실은 피부관리사별로 각자 사용하는 세제 등의 용품이 너무 많음
  - 용품을 종류별로 분류해서 자리를 잡아줌(자주 사용하는 용품 중심)
  - 전체적으로 쾌적하고 동선이 편리하도록 기계와 장의 위치를 변경
- 수술준비실은 위생적이지 못하다는 느낌이 강하였음
  - 오염 등의 안전에 고려하여 바닥을 소독청소를 하고 먼지와 오래된 때를 제거
  - 장을 새로 넣고 싶어 했으나, 정리정돈을 하면 필요한 공간이 생긴다는 점을 설득
  - 장 위치를 변경하여 싱크대장, 소독기장의 활용이 가능해짐
  - 기기와 의료용품, 가전제품 등은 종류별로 정리함
- 탈의실은 사용하기 편리하도록 수납체계를 바꾸어줌
- 상담실 장은 바로 주문 몇일 후 고객이 수령하도록 조치함

▶ 2017.11.16.(목) 재방문(사후관리 방문, 결재)
- VIP실에 설치한 커텐이 천정의 무른 석고보드에서 떨어짐
  - 석고보드용으로 나사피스를 고정함(석고보드용이나 시멘트용 사전 준비 필요)

02
이사 후 서비스 사례

　이사 후 서비스 사례는 추가계약을 획득하지 못한 사례와 획득한 사례 두 가지를 살펴보았다. 첫 번째 사례에서는 고객의 옷장이 모두 들어오지 않은 상태에서 정리를 해야 하는 경우의 문제점과 고객과의 대화시에 특히 주의해야 할 점에 대하여 살펴볼 수 있는 중요한 사례이다. 두 번째 사례는 고객만족을 통한 추가 컨설팅 계약을 획득한 사례로 팀장 역할의 중요성을 확인할 수 있는 사례이다.

(1) 이사 회사와의 협력에 의한 이사 후 서비스 사례 (2017.11)
- 사전에 이사 후 서비스 내용에 대한 정확한 파악이 필요
    - 고객은 전체를 정리수납하는 것으로 오해의 소지(이사업체와 역할 분담 명확히 해야)
    - T사 소개 건은 옷장이 준비가 되어 있지 않아 옷장정리를 할 수 없었음
    - 고객과 협의하여 주방과 자녀방을 정리하였으나 원하는 공간

이 아니어서 만족도는 높지 않음
- 컨설팅 수행시 조합원간 일상적인 대화나 개인행동 등 습관에 유의해야 함
  - 이사과정에서의 문제점에 대한 동조나 공감은 고객의 오해를 유발할 수 있음
  - 고객에게 "맞아요", "이사회사에 컴플레인을 문의하라" 등의 코멘트는 불필요(고객과 이사업체와의 갈등사이에서 어려움이 발생)
- 조합원간 대화는 작업시 가급적 억제하고, 고객의 집/짐/생활에 대한 평가는 절대금지
- 추가계약의 획득을 위해서는 계약 섹션에 대하여 적당히 하는 것이 아니라 고객의 최대만족을 이끌어 내도록 최상의 서비스를 제공해야 함
  - 이사 후 소개건의 취지는 한섹션에 대한 서비스로 나머지 섹션에 대한 추가계약을 확보하기 위함
  - 전문가로서 계약된 섹션에 대해서 최고의 서비스 제공이 전제되어야 함
  - 컨설팅 진행 후 팀장이 고객과의 면담을 통해 추가계약을 체결하는 것임
  - 본 이사후 서비스에서는 고객에게 일요일에 추가 컨설팅을 권유하였으나 거절당함

(2) 도곡동 이사후 추가견적 사례 (2017.12.)

▶ 이사 후 정리 섹션은 옷장이었음
 – 섹션 정리는 최고의 상태로 해서 고객의 만족을 얻어내야 함 (대충 한다는 생각을 가져서는 안됨)
▶ 팀장은 쉬는 시간(티타임, 5분)을 이용하여 다른 섹션의 견적 가능성을 살짝 가늠해 둔다.
 – 정리가 종료된 이후에 고객이 질문해 오면 짧은 시간에 견적이 마무리 되도록 준비해 두어야 한다. (고객은 매우 피곤한 상태임을 고려)
 – 견적서는 항상 지참, 계약 체결 시 계약금 10%는 조합계좌로 입금이 원칙
 – 고객 상담 팁 개발 필요

03
홈 정기관리 서비스 사례

　혼자 살거나 가족 수가 적은 고객은 매일매일 집 정리에 어려움을 느낀다. 이러한 고객들은 누군가 자신을 대신하여 매일매일 간편하게 집 정리를 해주기를 기대한다. 이러한 새로운 고객 니즈에 따라 우리 조합에서는 홈 정기관리 서비스를 시작하였다. 본 사례는 매일매일 집 정리를 원하는 고객의 니즈에 따라 적절한 정리수납 서비스가 가능하다는 것을 보여주는 사례로, 정리수납에 대한 다양한 고객의 니즈를 찾아낼 필요가 있음을 보여준다.

(1) 컨설팅 경험 고객 사례 (2017.12)

▶ 2017.12. 이사장님의 홍보활동의 결과 소개를 받음
- 기 컨설팅을 한 가정임(정기관리 계약은 김OO 본부장이 방문하여 체결)
- 1/19 첫 정기관리 서비스 실시
- 정기방문 고객관리카드 작성(같은 내용을 두장 작성하여 한

장은 고객에게 전달)
  - 서비스 내용, 개선사항, 정리팀, 요청사항 등 정리하여 전달
▶ 고객과의 첫 대면 활동의 중요성
  • 고객과의 대화내용은 견적서(회사용)에 모든 내용을 적는다.
  - 고객에게는 계약서를 작성하여 제시한다. 뒷면에는 고객 요구사항을 기록한다.
  • 계약서 작성 후 계약금은 현장에서 수령한다.

(2) 오피스텔 정기관리 사례 (2018.2)
▶ 정기관리 서비스의 계약체결 프로세스 표준화
  • 월간 20회 정기관리 서비스 제공 (월수금 격일 기준)
  • 1일 서비스시 1시간 기준, 시간은 고객 부재시 방문
  • 방문첫날 정기관리 서비스 계약서 작성
  • 매일 서비스 내용에 대해서는 정기관리 서비스 세부내용을 기술하여 고객의 냉장고에 부착

<표 5-1> 정기관리 계약체결 및 서비스 프로세스

① 정기방문 계약서 작성	② 계약금 입금 (회사계좌)
③ 매일 서비스를 마친 이후에 체크리스트 작성	④ 체크리스트(또는 고객관리카드) 냉장고 부착

▶ 정기관리 서비스의 프로세스 표준화

<표 5-2> 정기관리 서비스 주요내용
• 옷 정리 : 옷장 이외의 옷을 옷장에 정리
• 침구류 정리
• 부엌 정리 : 설거지 포함
• 간단한 빨래 옷은 빨래통에 넣기
• 욕실 정리 (용품정리, 건식바닥정리, 수건과 거울얼룩 제거, 쓰레기통 비우기 등) 등

▶ 정기관리 서비스를 받는 1인가구 고객은 "힐링이 되었다"는 감사말씀을 하였으며, 혼자하면 어렵지만 본인도 정리에 참여할 수 있을 것 같다는 코멘트도 하였다. 추가로 주변 지인들에게 적극적으로 추천(구전효과)을 받기로 하였다.

정기방문 고객관리카드-1

고객명		방문일자	
주소		방문 오거나이저	010)
정리공간 체크리스트		개선사항	
주방			
보조장			
냉장고			
냉동고			
거실			
욕실			
다용도실			
드레스룸			
방1			
방2			
방3			
기타		요청사항	
		방문예정일	

04
리조트 그릇정리 서비스 사례

본 리조트 서비스 사례는 우리 조합의 정리수납 컨설팅 사례와는 다른 경험하기 어려운 사례이다. 본 사례는 계약체결 단계와 업무추진 과정에서 주의해서 살펴보아야 하는 사항이 있다. 먼저 계약체결 단계에서 '부가가치세의 별도 부가'에 대한 고객사에 대한 안내가 이루어지지 않았다. 또한 팀장이 정리에 참여하는 조합원에 대한 컨설팅비 안내가 조합차원에서 고려하지 않았다는 점에서 조합의 경비 청산에서 손해가 발생하였다.

본 사례는 업무량에 따라 추가적으로 업무를 수행하기로 사전 협의한 상태이므로, 팀장은 전체 업무량을 고려하여 진행방법과 참여인원에 대한 합리적인 고려가 필요하였다. 또한 업무 수행과정에서 참여자들이 조합원, MO과정생 등 다양한 인원들이 참여한 상태로 업무수행과 직접적으로 관련된 사항이외에 불필요한 이야기들로 조합원간 그리고 리조트 직원들에게 부담을 주게된 특별한 사례로 기록해 둘 필요가 있다.

▶ 2017.11. OOO님 지인의 소개로 그릇정리 요청
- 1일차의 업무상황에 따라 수정 컨설팅(일정, 인원)을 하기로 하는 형태로 진행됨
  - 1일차에는 팀장 포함 5명이 참여, 2일차 10명, 3일차 10명, 4일차 10명이 참여
- 기업간의 거래는 부가세가 발생하므로 '부가세 별도'로 계약을 추진해야 했으나, 부가세 포함 가격으로 진행하여 조합에서 부가가치세와 소득세를 부담해야 하는 금전적 손실이 발생하였음

▶ 업무추진상황 및 평가
- 대부분 주방용 고급 그릇으로 무겁고 양이 많음
  - 약 900박스가 넘는 것으로 추정되어 2일차, 3일차 정리를 제안하여 수행하였으나, 마무리하지 못하여 4일차 정리를 수행하였음
  - 1일차에는 5명이 참여하여 업무량을 가늠하는 형태로 진행하였으며, 2일차 부터는 10명씩 참여하였음
- 고객과의 계약조건 협의시 고려가능한 사항에 대한 협의 필요
  - 처음하는 업무로 업무량이 가늠되지 않아 조합원의 안전과 업무수행 속도를 고려하여 추가 협의를 진행했어야 함
  - 조합원의 컨설팅 참여시 보수에 대하여 담당 팀장이 조합과 충분한 협의를 하지 않음
- 업무 진행시 조합원가 대화 등에서 유의필요
  - 고객이 있는 상황에서 큰 목소리로 자유스런 대화를 하였다는 지적

- 컨설팅 참여자에 대한 충분한 사전 안내 부족으로 참여자들의 이견이 있었음
- 팀장과 팀원간의 역할 분담에 대한 인식이 부족하다는 의견
- 팀장의 컨설팅결과 보고 등 사후 사무처리 미숙

▶ B2B 비즈니스 확장의 좋은 사례가 될 것임
  - 고객사의 이해를 얻을 수 있는 상황에서는 적극적인 계약조건 협의를 수행해야 함
  - 팀장은 팀원에 대한 사전교육 및 진행상황에서의 안내로 전문성 있는 업무처리를 유도해야 함

VI

정리수납 마케팅 고객응대 화법

01
고객의 니즈 발굴 화법

나는 정리수납 마스터 오거나이저(Master Organizer)이다.
(나의 변화를 드러내라!)

우리 조합의 정리수납 오거나이저 교육과정 (2급과정, 1급과정, 오거나이저과정, 마스터 오거나이저과정)에 참여하면서부터 시작된 나의 변화를 먼저 확인한다. 그리고 나의 변화된 모습을 주변의 가족과 친구 등 지인들에게 지속적으로 노출하거나 소개한다. 일반적으로 사람들은 다른 사람들의 이야기나 활동에 관심이 없으므로, 조금씩이라도 자주 지속적으로 정리와 정리수납에 대하여 소개할 필요가 있다.

정리수납 전문가인 오거나이저로서 본인의 집을 여러 차례 정리하여 안정된 상태가 되었는지를 확인한다. 이제 자신의 집으로 지인들을 초대하여 자신의 변화된 모습을 보여주어 정리수납에 대한 호기심을 갖도록 유도한다. 아마도 지인들은 "너무나 깨끗하다", "정리가 너무 잘 되어있다", "어떻게 해야 하나" 등의 다양한 반응이 나오면 더욱 좋다. 또한 자신의 집의 변화 상태를 보여주는 정리 전·후를 비교한 사진을 포트폴리오 등으로 준비하여 보여주면 더욱 설득력이 배가된다.

필요하다면 시범적으로 부모님이나 형제, 친한 친구 등 지인들의 집 중에서 냉장고나 부엌 등 특정 섹션을 골라 저렴하게 정리수납 서비스나 컨설팅을 해주는 것도 유용한 방법이다. 특히 자녀의 방이나 부모님집 주방의 정리 경험을 사례로 활용하면 더욱 설득력 있게 이야기할 수 있다.

정리에 관한 정보를 자주 제공하라!

고객들은 여러 가지 정보를 얻게 되면 각각의 정보를 개별적이고 구체적으로 기억하는 것이 아니라, 통합적으로 이해하고 기억한다. 고객들에게 제공하는 정리수납에 관한 정보들은 하나씩 기억되는 것이 아니라, 고객들이 이해한 범위 내에서 종합적인 이미지의 형태로 기억된다. 따라서 호감을 갖게 하기 위해서는 자주 반복적으로 이야기 하고, 포트폴리오 등 시각적 도구를 활용하여 정리수납에 대한 긍정적 이미지를 갖도록 하는 것이 좋다.

정보를 제공하는 방법으로 조합 차원의 정보와 개인 차원의 정보를 적절히 활용하는 것이 효과적이다. 조합 차원의 정보로는 조합 소개자료, 조합에서 발행하는 광고물, SNS 홍보물, 조합 소식지 등 다양하다. 그리고 조합의 홈페이지나 카페 등을 활용하는 것도 유용하다. 조합의 다양한 교육과정이 시작되면 적극적으로 안내할 필요도 있다. 고객들은 교육과정 커리큘럼을 보면서 정리수납의 필요성, 방법 등에 대하여 니즈를 느끼도록 안내하고, 교육과정에 참여하도록 권유한다.

개인 차원의 정보는 자신의 전문성과 활동내용을 강조하는 핵심적인 자료를 준비할 필요가 있다. 전문성에 대한 강조는 고객에게 정리수납에 대한 신뢰를 심어준다. 전문성을 강조하기 위해서는 개인 강사 프로필, 자격증, 명함 등을 준비해야 한다. 자신의 정리수납 커리어를 설명하기 위해서는 자신의 활동 내용이 담긴 섹션별 정리수납 비교 사진이나 강의 사진을 준비하는 것이 좋다. 또한 자신의 전문성과 경험을 소개하는 글을 조합이나 관련 단체의 잡지에 기고하여 게재된 기고문을 활용하여 소개하는 것도 매우 유용하다.

체험을 권유하라!

집안의 정리는 가정주부로서 평생하여야 하는 일상적인 작업이다. 그럼에도 불구하고 가사 일을 체계적이고 효율적으로 수행하기 위한 학습은 어머니로부터 간접적으로 배운 것이 대부분이다. 또한 일상화된 가사의 부담은 가정주부들에게 거부감으로 느끼게 하여, 미루거나 회피하고자 하는 경우가 있다. 그 순간 우리 집안은 엉망이 되는 부정적 기억을 갖게 된다.

이러한 분들에게는 부정적인 경험을 긍정적인 경험으로 바꾸는 과정이 필요하다. 정리를 하게 되면 집안 분위기가 달라지고, 개인들의 활동성이 증가하여 가족들의 건강이 좋아지며, 친구들은 물론 주변 분들과의 교류가 이루어지게 된다는 점을 강조한다.

이러한 장점들은 정리수납 방법을 체계적인 교육으로 습득하게 되면 효율적으로 정리할 수 있다는 점을 강조한다. 이러한 교육은 일단 구청이나 주민센터에서 운영하는 정리수납 교육과정을 소개하고 조합의 특강에 초대하여 정리수납의 필요성을 이해할 수 있는 기회를 갖도록 하여야 한다. 교육과정 개강시에나 특강에 조합원들이 적극적으로 고객을 한 분씩 초대해서 참여시키는 운동도 전개해 보는 것도 고려할 필요가 있다.

일단 특강 등을 통하여 정리의 중요성, 정리수납의 필요성과 효과 등에 대해서 이해를 하게 되면 직접 본인이 교육을 받고, 자신이 직접 정리하고자 하는 욕구가 생기게 된다. 교육과정에 참여하게 되면 단계적으로 마음자세가 바뀌고, 행동이 바뀌고, 습관이 바뀌는 경험을 하도록 하고, 이를 통하여 지인들에게 홍익인간의 정신으로 널리 알리는 것이 필요하다.

기회비용을 강조하라!
(여러분의 창고방의 사용료는 얼마인가요?)

우리들은 가정에서 잘 쓰지 않는 물건이나 불필요한 물건, 나중에 사용하려고 아끼는 물건들을 잘 이용하지 않는 빈 방으로 옮겨두게 된다. 이렇게 하나 둘 물건이 쌓이게 되면 빈 방은 자연스럽게 창고방으로 바뀌게 된다. 예를 들어 아파트의 빈 방을 창고 방으로 사용하는 경우, 방의 크기가 5평 정도라고 가정하면, 서울에서는 약 1억원 짜리 창고방을 사용하는 것이 된다. 이는 월 임대료로 환산하면 월 40만원 정도의 기회손실을 보고 있는 것이다.

한 번 창고 방으로 입고된 물건은 다시 제 용도를 발휘하기가 무척 어렵게 된다. 창고 방에 있는 물건들은 대체로 찾기 어려운 물건이 많아서, 새로운 물건을 구매하여 사용하게 될 확률이 높아 중복하여 소유하게 된다. 기존 물건은 시간이 흐르면서 더욱 고물이 되고, 새로운 물건은 사용 빈도가 높지 않아 다시 창고 방으로 들어오게 된다. 정리되지 않은 물건들이 방치되면 될수록 창고방은 더욱 더 물건들로 가득차게 된다.

이렇게 창고 방을 활용하고 있는 가정의 자녀들은 당연히 창고 방을 갖고 있는 것을 자연스럽게 생각하게 되는 악순환이 일어난다. 자녀들은 창고 방의 비위생적인 상황에 익숙한 생활을 하게되어 건강에 심각한 문제가 발생할 수 있다.

지금 바로 창고 방을 정리하면 경제적 비용을 줄이게 되고, 물건이 정리되면서 중복되는 물건에 대한 지출이 줄어들게 된다. 또한 위생적인 생활공간으로 변화하게 되며, 자녀들의 건강한 생활과 좋은 습관을 길들여 줄 수 있다. 창고 방, 지금 바로 정리해 보세요.

적절한 준거점(Reference Point)을 제시하라!

고객이 컨설팅 서비스를 받고자 하는 의사결정 단계에 있을 때 정리수납 서비스의 범위와 가격을 어떻게 제시할 것인지가 고객이 최종 결정하는 데 영향을 미치는 매우 중요한 과정이다. 고객이 심리적으로 생각하고 있는 가격 보다 높게 제시할 것인가 낮게 제시할 것인가는 고객의 경제적 상황, 주변 상황, 고객의 정보 수준 등을 고려하여 정하여야 할 것이다. 그렇지만 가장 고려하여야 할 점은 오거나이저가 가격을 고객에게 제시하는 기준점이 준거점(Reference Point)으로 작용하여 조정이 시작된다는 점이다. 따라서 기준점을 제시할 때 표준 가격을 기준으로 하되 고객의 상황에 따라 옵션 등을 적절히 조절하는 것이 매우 중요하다. 소비자는 동일한 기준이라 하더라도 심리적 손실 보다는 심리적 이득을 얻게 되는 경우에 더

높은 기쁨을 얻게 된다.

집이나 Shop의 전체에 대한 컨설팅 서비스를 받기로 마음을 정한 고객에게 가격을 제시할 때에는 두 가지 전략이 있다. 첫째는 전체 가격이 고객의 경제적 상황을 고려하여 높은 금액에서부터 옵션을 하나씩 제거하면서 제시하는 방법이 있다. 이 경우 고객은 가격의 기준점을 높은 가격에서 시작함에 따라 줄어드는 경우 가격에 대한 할인으로 인식하게 된다. 고객의 입장에서는 가격의 할인은 곧 기쁨으로 작용하게 된다. 그러니까 고객이 부담할 수 있는 범위내에서 약간 높은 금액을 제시하여 약간 할인해 주는 화법을 전개하는 것이 좋을 것이다.

둘째는 낮은 가격에서 시작해서 추가되는 옵션에 따라 가격을 더해가는 방법이다. 이 경우에는 아직 정리수납 컨설팅 서비스에 대한 마음을 분명하게 정하지 못한 상태이므로, 단품 섹션에 대하여 낮은 금액에서 시작하는 것이 유용하다. 그리고 정리된 상태를 보면서 만족도가 높으면 나머지 섹션에 대해서도 서비스를 받도록 권고하는 것이 바람직하다.

02
고객의 거절에 대한 설득 화법

"정리를 잘하시나요?"라고 질문하면 고객들은 "저는 정리를 잘 못하는데요.", "어떻게 하면 정리를 잘 할 수 있을까요?" 등 다양한 반응을 보인다. 고객의 경제적수준이나 상황을 고려하여 "혼자 정리하기가 어려우면 정리수납 전문가인 오거나이저의 서비스를 받아보시면 어떨까요?" 또는 "정기적으로 정리수납 서비스를 받아보시면 어떨까요?" 라고 권유하게 된다.

정리수납 컨설팅 제안을 받은 고객들은 다양한 반응을 보인다. "정리수납도 배워야 하나요?", "제가요 정리를 잘 못하는데 도와주실수 있나요?" 등의 관심을 보이는 분들이 있다. 반면에 거절 반응을 보이는 고객들도 많다. "정리수납이 뭐에요, 저 관심 없어요." "얼마에요, 너무 비싸요?", "저희 집은 짐이 많지 않아, 저 혼자 정리할 수 있어요.", "남편이 알면 큰일나요." 등 다양한 거절 반응이 있다.

이와 같이 고객들의 다양한 거절반응 중에서 거절반응에 대하여 효과적으로 처리해야만 다음 단계로 넘어갈 수 있음을 명심하여야 한다. 고객의 거절반응에 대해서는 '긍정대화법'[27]뿐만 아니라 다양한 상황에 대한 체계적인 대응이 매우 중요하다. 다음에서는 다양한 상황에서의 거절처리에 대하여 다음의 거절유형 1~5와 같이 하나씩 살펴본다.

거절유형1 "정리수납이 뭐에요?", "저 관심 없어요."

고객들이 아직 정리수납의 필요성이나 이해가 부족한 상태에서 거절하는 경우이다. 이때에는 정리수납을 알리고 필요성을 느끼도록 하는 단계이다. 고객이 시간을 갖고 인터넷 등에서 정리수납에 관한 다양한 정보를 찾아보고 생각해보도록 권유한다.

고객과의 대화 시에는 집안을 정리하면 부자가 된다는 취지로 설명한다. 예를 들면 "집안을 정리하면 긍정적 에너지가 집안 곳곳에 순환하게 됩니다. 집안이 쾌적해지고 심플해지면서 활력이 넘치게 되고, 이러한 활동의 결과 부자가 되는 것입니다." 또는 "집안에 물건을 많이 쌓아두는 사람이나, 풍요로움을 누리지 못하는 사람은 부자가 아닙니다."라고 설명한다.

고객들은 자신의 집이 많은 물건들로 어지럽게 쌓여있는 것을 다른 사람들에게 보여주는 것을 꺼려하기 때문에 정리수납 권유에 대하여 강한 부정적 반응을 보이는 경우가 많다. 이러한 경우에는 정리수납 전문가를 의사와 비교하면서 설명하는 것도 유용하다. "의사들이 고객들의 정보를 비밀로 하듯이, 정리수납 오거나이저들도 전

---

[27] 긍정대화법이란 고객의 거절에 대하여 먼저 고객의 거절내용에 대하여 긍정하는 메시지("네 고객님, 물론 그럴 수 있어요)를 전달한 후에 반론(하지만 ~~)을 제시하는 것으로, 고객의 긍정적 반응이 필요한 대화를 지속하기에 매우 유리하다.

문가로서 고객의 사생활이나 직무상 취득한 정보를 비밀로 하고 있습니다."라고 강조하여야 한다.

정리수납 컨설팅 과정에는 고객의 참여와 의사결정이 매우 중요하다는 점을 강조하여야 한다. "이삿짐을 이사하기 전과 유사한 위치에 이사 후에 그대로 놓는 경우에는 고객의 손길이 그다지 필요하지 않습니다. 그러나 정리수납 컨설팅 과정에서는 역할이 끝났거나, 방치되거나, 설레지 않는 물건들에 대한 배출의 필요성 등과 관련하여 고객의 의사가 매우 중요합니다." 라고 충분히 설명한다.

거절유형2 "얼마에요", "너무 비싸요?"

이러한 유형의 고객은 정리에 대한 니즈와 필요성에 대해서 상당히 이해를 하고 있을 가능성이 높다. 그러나 막상 집안에 대한 정리수납 컨설팅을 의뢰하려는 순간에 가족의 비난, 경제적 부담 등 여러 가지 복잡한 생각이 들게 된다. 이러한 고객은 서비스 품질이나 효용에 대한 비교가 어렵기 때문에 가장 비교하기 용이한 가격을 기준으로 판단하려는 경향이 있다.

이러한 고객에 대해서는 정리수납의 효용성에 대한 강조가 필요하다. 정리를 통한 가족의 건강 회복, 중복된 구입에 따른 경제적 부담 경감, 자녀들의 정리 습관 형성 등에 대한 강조가 필요하다. 그리고 정리수납의 일의 내용과 범위, 소요되는 시간, 참여하는 오거나이저 인원 등을 구체적으로 제시하면서 설명하는 것이 좋다.

"예 고객님, 정리수납 컨설팅 비용이 부담되신다는 점 충분히 이해됩니다. 하지만 정리수납 컨설팅 서비스에 일반적으로 5~7명 정도 참여합니다. 옷장, 서랍장, 냉장고, 주방, 책장 등을 각각 담당하며, 오전 9시부터 오후 6시까지 정리수납 업무를 수행하게 됩니다. 점심식사 시간이 1시간 소요됩니다. 정리수납 업무를 수행하는 분들은 정리수납 오거나이저 전문가들입니다. 총 컨설팅 비용이 150만원이라고 하면 7명이 참여하는 경우 일인당 15만원씩 이라고 하더라도 105만원 소요됩니다. 한 번의 컨설팅 서비스로 깔끔하게 정리된 집이 오랫동안 유지되는 것을 생각하시면 가족들의 밝고 건강한 표정에서 커다란 행복을 느끼실 수 있을 것입니다."

 금액이 커서 부담스러워 하는 고객에게는 전체 정리수납 컨설팅을 권유하는 것 보다 냉장고 또는 주방 등 섹션별로 권유하는 것이 유용하다. 컨설팅 금액이 줄어들면 고객들은 가격할인으로 보아 심리적 이득을 얻게 된다. 정리수납 컨설팅 비용을 줄여주는 것은 고객을 기쁘게 한다.

거절유형3 "저 혼자 정리할 수 있어요?"

 여성 고객들은 가정의 살림을 본인이 직접 정리해야 한다는 생각을 갖고 있다. 본인이 자신과 가족의 물건을 직접 정리해야 하며, 다른 사람들의 도움을 받는 것을 다소 거북하게 생각한다. 그러나 과거 대가족이 같이 살던 때와는 달리 핵가족으로 소수의 가족이 사는 환경에서 여성 혼자서 많은 물건들을 정리하기에 육체적으로, 시간적으로 매우 어려운 상황이 되었다.

 이러한 반응을 보이는 고객들은 가족들의 부정적인 시선, 일시적인 목돈의 지출에 대한 거부감 등으로 발생하는 것이 대부분일 것이다. 또한 정리수납 컨설팅에 대한 서비스에 대한 경험이 없어 그다지 높게 생각하지 않아 발생하는 부정적 반응일 수 도 있다. 즉 고객들은 정리수납의 비교대상을 가사도우미가 일하는 것으로 본다. 따라서 이러한 고객들에게는 가족들의 부정적인 생각을 효과적으로 정리하는 방법과 정리수납의 범위와 업무내용 등에 대해서 구체적으로 설명할 필요가 있다.

"물론 고객님 혼자서 정리를 하실 수 있습니다. 고객님께서 혼자서 정리를 하시면 평생 정리를 하느라 고생하셔야 합니다. 그러나 정리수납 컨설팅 서비스를 이용하시면 비용은 소요되나 하루를 투자하면 평생 행복하다는 것을 고려하실 필요가 있습니다. 즉, "혼자 정리하면 고생, 함께하면 행복"이랍니다."

그럼에도 불구하고 고객이 직접 본인이 정리를 하겠다는 의지가 강한 경우 정리수납 교육에 참여하는 것을 권유하는 것도 바람직하다. 본인이 알고 있는 정리법과 실제 교육과정에서 배우는 정리법과의 차이도 느끼고, 효율적인 정리정돈으로 보다 효율성과 효과성을 느끼도록 하는 권유하는 것도 바람직하다.

거절유형4 "제가 정리를 잘 못하는데요"

정리에 대한 필요성에 대해서는 인지하고 있지만, 어떻게 정리하는지를 몰라서, 정리할 시간이 부족해서, 몸이 아파서, 가족이 많아서 등의 원인으로 돌리는 고객들이 많다. 정리를 잘하기 위해서는 본인이 직접 교육을 받고나서 정리하는 방법, 전문가의 도움으로 본인이 하는 방법, 전문가들의 직접적인 도움을 받는 방법 등 다양한 방법을 안내할 필요가 있다.

경력단절 여성이거나 전업가정 주부, 결혼을 앞둔 여성, 독립을 하려는 여성, 혼자 사는 분들에게는 주중, 야간, 주말 등 본인들이 편한 시간에 정리수납 오거나이저 2급과정 교육을 받도록 권유한다.

정리수납 전문가의 도움이 필요하다고 느끼는 분들 중에서 특히 단독가구, 맞벌이 가정 등의 경우에는 정기방문 서비스(주단위, 월단위 등)를 받아보도록 권유하는 것도 유용하다.

정리수납 컨설팅 서비스를 받은 이후에 유지관리에 대하여 걱정하시는 고객들이 많다. 이런 유형의 고객들에게는 정기적인 정리수납 코칭 서비스(1회당 5만원, 2시간)를 받아보도록 권유하는 것이 유용하다. 교육을 받기 어려운 분들을 위해서는 컨설팅 서비스를 진행하면서 고객에게 정리하는 방법, 옷 접기 등 필요한 정리수납 방법에 대하여 도움을 드린다는 점을 강조할 필요가 있다.

거절유형5 "정리수납이 필요한가요? 그냥 이대로 살죠!"

연세가 있으시거나 다소 보수적인 분들은 자신들의 현재 생활습관을 그대로 유지하는 것이 가장 편하고, 다른 사람들의 조언이나 도움의 손길을 거부한다.

이러한 고객들을 자세히 살펴보면 여러 가지 결핍요인들이 많다. 경제적인 결핍상태이거나 과거 곤란한 경험이 있는 분, 건강상태가 좋지 않아 적극적으로 정리를 할 수 없는 분, 외부 활동이 많아 정리하는데 시간을 내기가 어렵다고 느끼는 분들이 이러한 반응을 보이게 된다. 이러한 여러 가지 결핍 요인들로 인하여 고객들은 정리를 해야 한다거나 하고 싶은 생각이 들지 않게 되는 인지적 결핍상태에 빠지게 된다. 결국 현재의 어지러운 물건들을 정리하지 못하고 집에 들어가기 싫어하여 외부로 전전하게 된다.

이러한 고객들을 설득하는 화법으로는 현재의 어지러운 상태는

건강을 해치게 되고, 집안에서 다치게 되는 위험에 노출된다는 점, 가족들이 이러한 습관을 그대로 따라한다는 점에 대해서 적극적으로 설명하는 것이 유용하다.

  이러한 고객들과는 친밀해 지는 것이 먼저다. 잦은 커뮤니케이션을 통하여 친숙해 지고 나서, 집안의 한 섹션 만이라도 정리를 해보거나 서비스를 받도록 권유한다. 그리고 교육의 필요성에 대해서 인식하도록 하여 교육을 받도록 하거나, 집안 전체에 대한 정리수납 컨설팅의 필요성과 효과를 느끼도록 여러차례에 걸쳐 설득하도록 하는 것이 유용하다.

03
고객의 신뢰를 얻기 위한 화법

전문가의 후광효과(Halo effect)를 이용하라.

고객들은 소위 전문가들의 말과 행동에 대해서 더욱 신뢰한다. 전문가들의 전문성을 상징하는 표식들에 권위를 느끼며, 그들의 지식과 경험을 기반으로 현재의 상황을 판단하여 표시하는 말과 행동이 자신들을 위하여 합리적으로 하는 행위일 것이라고 생각한다. 이러한 효과는 전문가들이 노출하는 표식이나 전문성의 효과인 후광효과를 보이고, 전문가들의 권위에 대한 복종을 하게 되는 심리적인 효과를 얻을 수 있다.

전문가들의 권위에 대한 복종은 미국의 심리학자인 스탠리 밀그램의 저서인《권위에 대한 복종 Obedience to Authority》(1974)에 언급되어 있는 실험에서 확인할 수 있다. 교사역할을 맡은 사람이 학생역할을 맡은 사람에게 가하는 전기충격 실험에서, 학생역할을 맡은 사람은 교사역할을 맡은 사람이 가하는 전기충격에 맹목적으로 복종하는 현상을 보였다.

우리들은 이러한 점에서 정리수납전문가의 전문성에 대한 자격증 표식과 전문가로서의 상호인정이 고객들로부터 신뢰를 얻을 수 있을 것이라고 파악할 수 있다. 즉, 정리수납 강의시에나 컨설팅 수행 시에 정리수납오거나이저 자격증을 목에 걸고 노출하면 수강생들이나 고객들에게 신뢰를 줄 수 있다. 또한 정리수납전문가로서 전문용어를 구사하고 고객에 대한 안정적인 대화를 통한 체계적인 설명은 고객의 신뢰를 얻기에 매우 유용한 활동이다.

다양한 정리수납 포트폴리오(portfolio)를 구축하라.

정리수납 서비스는 구체적인 물건이 아니라 정리수납 과정이나 정리수납이 된 상태를 경험하지 못한 고객들은 쉽게 상상하기 어려운 무형의 서비스이다. 고객들에게 정리수납 컨설팅 서비스를 권유하기 위해서는 이러한 무형의 서비스를 유형화할 필요가 있다.

정리수납 컨설팅을 유형화하기 위해서는 정리수납 오거나이저로서 본인이 참여한 컨설팅 서비스나 실습과정에서 정리 전후 사진을 확보하여, 개인별 정리수납 포트폴리오를 실물 사진파일이나 디지털 파일로 구성하여 필요한 경우 설명하는 과정에서 활용하는 것이 유용하다.

고객들은 각 섹션별로 다양한 정리 전후 사진을 보고나면 심리적으로 자신의 집의 상태와 비교하면서 정리수납 컨설팅 권유에 응할 것인지를 생각하게 된다. 만약 구체적인 변화 모습이 보이지 않고 말로만 하게되면 고객은 구체적인 형태를 상상할 수 없어 이해하기 어려워하면서 제안에 대해서 거부감을 표시할 가능성이 높다.

여성 고객의 구전효과(word of mouth)을 활용하라!

생물학적으로 남성들은 사냥 등 외부활동에 적합하도록 설계되어 있는 반면에, 여성들은 양육과 가족의 생존을 위한 공동체적 활동에 적합하도록 설계되어 있다. 여성들은 서로에게 공동체적인 삶을 살아가도록 대화를 많이하고, 감성적이며, 공감을 중요시한다. 따라서 여성고객들은 친한 친구들이 추천(구전효과, word of mouth)하는 제품과 서비스를 중요하게 생각하고 적극적으로 구매하는 성향을 갖는다.

정리수납 컨설팅 비즈니스를 영위하는 우리 조합의 조합원들은 여성고객들이 적극적으로 친구나 동료들에게 추천하도록 수준 높은 경험을 제공하여야 한다. 즉, 정리수납 계약 시, 정리수납 컨설팅 서비스 수행 시, 컨설팅 서비스 종료 후 등 각 단계별로 수준높은 정리수납 서비스를 제공하여 고객들이 특별한 경험을 하도록 하여야 한다. 여성 고객들이 이러한 경험을 적극적으로 친구나 동료, 가족들에게 추천하도록 하여야 한다.

정리수납 컨설팅 서비스가 종료된 후에는 종료시점이나 별도의 전화 통화로 만족도 조사를 하여야 한다. 만족감을 표시하는 고객에게는 지인이나 가족 중에서 정리수납 컨설팅을 추가적으로 받아 볼 수 있는 고객을 소개해 주도록 꼭 권유하여야 한다. 여성 고객들은 자신의 정리수납 상태를 자랑하였거나 자랑할 것으로 예상되므로 지인들의 관련 정보를 반드시 확보하여 신규고객 발굴로 이루어지도록 하여야 한다.

VI

조합 운영 관련 연구자료

01

프리랜서형 협동조합 조합원의 소득과 세무 (2017.11.)

> - 한국정리수납협동조합은 프리랜서형 협동조합으로 분류됨
> - 조합원의 강의료, 컨설팅 수수료 등의 소득은 원천징수대상 사업소득(다. 원천징수대상 인적용역)으로 분류됨
> - 조합에서 받은 소득이외에 다른 소득(사업소득, 금융소득 등)이 있는 경우에는 5월 종합소득신고 의무가 발생할 수 있음

(1) 프리랜서형 협동조합의 개념[28]

일반 협동조합은 협동조합기본법이 시행됨에 따라 소상공인 협동조합과 프리랜서 협동조합의 두 가지 유형이 주를 이루고 있다. 장종익(2014, 2015, 2017)에 따르면 일반 협동조합은 소상공인이나 소기업가들이 자신들의 사업체의 경쟁력 제고 및 소득 증진을 위하여

---

[28] 장종익, 협동조합기본법으로 설립된 협동조합의 특성과 정책적 함의, 韓國協同組合硏究 第35輯 第2號 (2017. 8). p88~p89.

설립한 소상공인 및 소기업가의 협동조합(장종익, 2014b), 통번역가, 강사 등 프리랜서들이 일감의 공동 수주 및 소득 증진을 위하여 설립한 협동조합(Jang, 2017a), 그리고 취약계층 지원, 지역사회 재투자 등 지역공동체 증진에 기여하는 개인 조합원 중심의 협동조합(장종익, 2015) 등으로 재분류 하였다.

이 중 프리랜서들은 자발적인 성격의 전문적인 프리랜서, IT개발자 등 대기업의 아웃소싱 등으로 인한 비자발적인 프리랜서, 경력단절여성이나 은퇴인들로 구성된 프리랜서 등 세 가지로 나눌 수 있다.

<표 7-1> 기획재정부 협동조합 실태조사 서울시 데이터의 유형 재분류 기준과 결과

(단위 : 개, %)

유형	기준	조합수
소상공인 협동조합	• 조합원 총수 중 개인사업자 조합원수와 법인 조합원수가 사업자 아닌 개인 조합원수보다 많은 협동조합 • 조합원의 주된 설립목적이 사업체 경쟁력 강화, 조합원 수입 증가, 조합원 고용안정 등이라고 답변한 협동조합	100 (40.0)
프리랜서 협동조합	• 사업자 아닌 개인조합원수가 전체 조합원에서 과반수 이상을 차지하는 협동조합 • 조합의 주된 목적이 조합원 수입증가, 조합원 고용안정, 사업체 경쟁력 강화 등이라고 응답한 협동조합	129 (26.9)
직원협동조합	• 사업자가 아닌 개인 조합원수가 전체 조합원수를 차지하며 조합원이 협동조합에 고용되어 있는 협동조합	9 (1.9)
지역공동체 증진형 협동조합	• 사업자 아닌 개인 조합원수가 전체 조합원에서 과반수 이상을 차지하는 협동조합 • 조합의 주된 목적이 지역사회 공헌 등 사회적 가치 실현, 조합원 복지 증진, 사회혁신이나 지역사회 재투자, 지역환경보호, 장애인 등 취약계층 지원, 폭력 등 학교문제 해결 등이라고 응답한 협동조합	96 (20.0)
사회적협동조합	인가기준	56 (11.7)
합 계		480 (100.0)

출처 : 기획재정부 협동조합 실태 조사 데이터(2014. 12말 기준)

(2) 조합/조합원의 사업소득세율 징수 비율

- 사업자등록 한 경우 : 원천징수 대상 사업소득세율 3.3% 징수
  (소득세 3%, 지방세는 소득세의 10% = 3.3%)
  ※ 단, 우리 조합의 조합원은 3.3% 징수
- 사업자등록 하지 않은 경우 : 원천징수 대상 사업소득세율 4.3% 징수

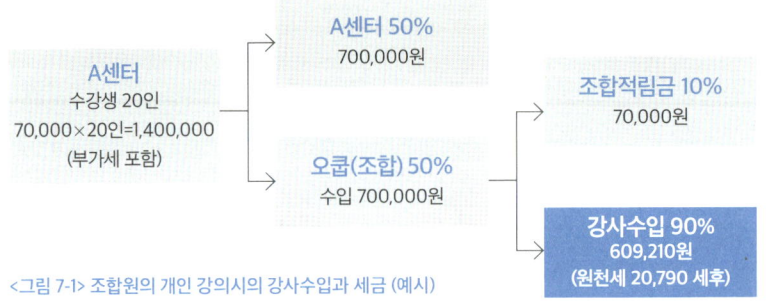

<그림 7-1> 조합원의 개인 강의시의 강사수입과 세금 (예시)

(3) 배우자의 직장건강보험 피부양자 자격 관련

- 사업자가 아니고
- 연간 총소득에서 필요경비(기타자영업자(940909) 인정 필요경비율 64.1%)를 제외한 후
  ① 잔여소득이 500만원을 초과하는 경우 : 건강보험 피부양자 자격 상실
  ② 잔여소득이 500만원 이하인 경우 : 건강보험 피부양자 자격 유지
- 예를 들어 소득이 100만원인 경우 비용이 64.1만원을 비용으로 공제한 후 35.9만원이 잔여소득이 됨(건강보험 피부양자 자격 유지, 종합소득세신고의무 발생)

<표 7-2> 직장건강보험 피부양자 자격요건

국민건강보험법 제5조(적용 대상 등)에 따라 피부양자는 직장가입자에게 주로 생계를 의존하는 사람으로서 보수나 소득이 없는 사람을 말함.

시행규칙 제2조의 별표1의2 '소득요건'
- 이자소득과 배당소득의 합계액이 4천만원 이하,
- 근로소득과 기타소득의 합계액이 4천만원 이하, 연금소득이 4천만원 이하,
- 사업자등록이 되어 있지 않은 경우 사업소득의 연간 합계액이 500만원 이하,
- 사업자등록이 되어 있는 경우 사업소득이 없어야 함
 (단, 장애인등록자, 국가유공상이자, 보훈보상상이자는 사업소득의 연간 합계액이 500만원 이하 이면 가능)

※ 사업소득은 소득세법 제19조2항에 따라 순액을 기준으로 함.
 ② 사업소득금액은 해당 과세기간의 총수입금액에서 이에 사용된 필요경비를 공제한 금액으로 하며, 필요경비가 총수입금액을 초과하는 경우 그 초과하는 금액을 "결손금"이라 한다.

<표 7-3> 소득세법 기본공제 조항

소득세법 제50조(기본공제)

제50조(기본공제) ① 종합소득이 있는 거주자(자연인만 해당한다)에 대해서는 다음 각 호의 어느 하나에 해당하는 사람의 수에 1명당 연 150만원을 곱하여 계산한 금액을 그 거주자의 해당 과세기간의 종합소득금액에서 공제한다. <개정 2015.12.15>

1. 해당 거주자
2. 거주자의 배우자로서 해당 과세기간의 소득금액이 없거나 해당 과세기간의 소득금액 합계액이 100만원이하인 사람(총급여액 500만원이하의 근로소득만 있는 배우자를 포함한다)

3. 거주자(그 배우자를 포함한다. 이하 이 호에서 같다)와 생계를 같이 하는 다음 각 목의 어느 하나에 해당하는 부양가족(제51조제1항제2호의 장애인에 해당되는 경우에는 나이의 제한을 받지 아니한다)으로서 해당 과세기간의 소득금액 합계액이 100만원 이하인 사람(총급여액 500만원 이하의 근로소득만 있는 부양가족을 포함한다)

 가. 거주자의 직계존속(직계존속이 재혼한 경우에는 그 배우자로서 대통령령으로 정하는 사람을 포함한다)으로서 60세 이상인 사람
 나. 거주자의 직계비속으로서 대통령령으로 정하는 사람과 대통령령으로 정하는 동거 입양자(이하 "입양자"라 한다)로서 20세 이하인 사람. 이 경우 해당 직계비속 또는 입양자와 그 배우자가 모두 제51조제1항제2호에 따른 장애인에 해당하는 경우에는 그 배우자를 포함한다.
 다. 거주자의 형제자매로서 20세 이하 또는 60세 이상인 사람
 라.「국민기초생활 보장법」에 따른 수급권자 중 대통령령으로 정하는 사람
 마.「아동복지법」에 따른 가정위탁을 받아 양육하는 아동으로서 대통령령으로 정하는 사람 (이하 "위탁아동"이라 한다)

(4) 소득세 연말정산시 배우자 가족공제 기준

- 배우자가 피부양자로 등재되는 경우 연간 150만원까지 소득공제 혜택
- 배우자는 사업자가 아니고, 소득이 기타자영업자의 필요경비율 (64.1%)을 제외한 금액이 100만원을 초과하지 않아야 함
  (예 : 총소득 270만원×필요경비율 (64.1% 적용시 173만원) = 97만원)

  ※ 유의사항 : 피부양자에서 제외시 배우자명의 카드사용액 제외됨

- 현금영수증 소득공제는 소득이 많은 사람의 명의로 발행하여야 한다.
- 남편이 부인의 통장에 자금을 이체하는 것은 증여세 과세대상이 될 수 있음
- 증여세 과세가액은 10년간 합산
  * 공제 : 배우자 6억원, 직계존속 5천만(미성년자 2,000만) 등
  * 세율 : 1억원 이하 10%
  　　　　5억원 이하 20% - 1,000만원
  　　　　10억원 이하 30% - 6천만원
  　　　　30억원 이하 40% - 1억6천만원
  　　　　30억원 초과 50% - 4억6천만원

(5) 종합소득세 세율

- 세율적용방법 : 과세표준 × 세율 - 누진공제액

<표 7-4> 종합소득세 세율 (2018년, 2017년 귀속)

종합소득세 세율(2018년 귀속)		
과세표준	세율	누진세율
12,000,000 이하	6%	-
12,000,000 초과　46,000,000 이하	15%	1,080,000
46,000,000 초과　88,000,000 이하	24%	5,220,000
88,000,000 초과　150,000,000 이하	35%	14,900,000
150,000,000 초과 300,000,000 이하	38%	19,400,000
300,000,000 초과 500,000,000 이하	40%	25,400,000
500,000,000 초과	42%	35,400,000

종합소득세 세율(2017년 귀속)		
과세표준	세율	누진세율
12,000,000 이하	6%	-
12,000,000 초과　46,000,000 이하	15%	1,080,000
46,000,000 초과　88,000,000 이하	24%	5,220,000
88,000,000 초과 150,000,000 이하	35%	14,900,000
150,000,000 초과 500,000,000 이하	38%	19,400,000
500,000,000 초과	40%	29,400,000

(6) 종합소득세 신고방법

국세청 홈텍스에서 회원가입 후 공인인증서를 사용하여 매년 5월에 신고한다.

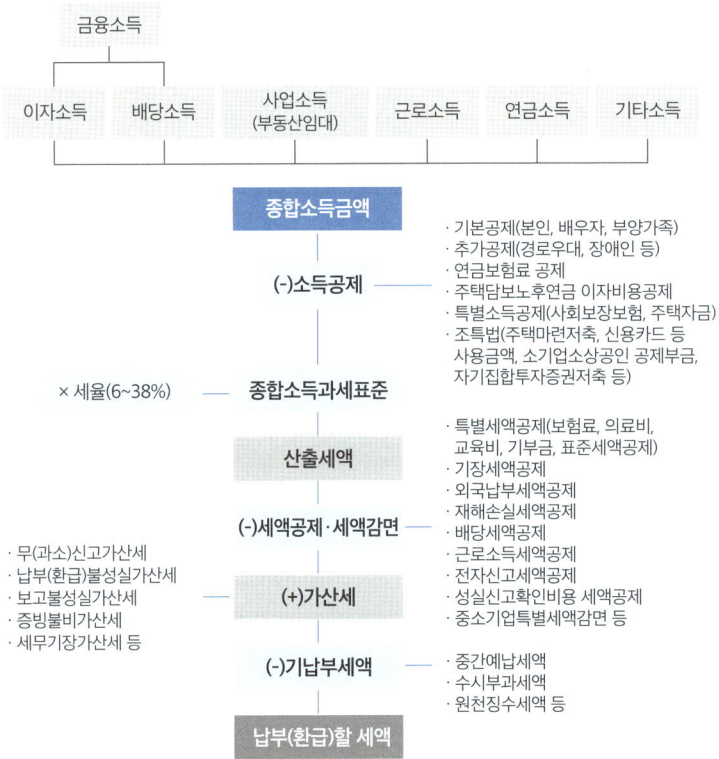

<그림 7-2> 종합소득 계산 흐름도

(7) 조합의 세무

- 조합은 사업소득세(소득의 3.3%) 과세 대상임
- 조합은 부가가치세(거래금액의 10%) 과세 대상임
  - 조합은 부가가치세 부과 대상 거래시 부가가치세를 납부하여야 함
  - 부가가치세는 3월, 6월, 9월, 12월 결산 후 납부

    (예시)

    ① 총 금액이 1,100만원인 경우(부가세 별도)

    : 1,000만원 × 1.10% = 1,100만원

    ② 총 금액이 1,000만원인 경우(부가세 포함)

    : 909만원 × 1.10% = 1,000만원
- 사업년도 결산에 따른 법인세 등 납부
  - 조합은 사업년도(1월~12월) 결산에 따라 법인세 등을 납부

    (주민세, 농어촌특별세 등이 포함되기도 함)
  - 법인세 납부시에 부가가치세 환급을 반영하여 세액이 산출됨

> < 소득에는 소득세, 거래에는 부가가치세 >
> * 정리수납 컨설팅/교육 계약시 부가가치세는 별도로 계약해야 함.

02
조합원(개인/개인사업자)의 매출 귀속
(2017.12)

(1) 질의사항

1) 개인사업자 등록을 한 조합원의 경우 개인 컨설팅 매출액을 조합으로 귀속시킬 것인가 아니면 개인사업자로 귀속시킬 것인가?
2) 개인사업자인 조합원이 개인 컨설팅을 의뢰받아 조합원을 팀원으로 구성하여 컨설팅을 수행하는 경우에 조합의 내부규정에 따른 수수료 납부 의무가 발생하는가?
3) 조합의 경우 무허가 인력소개업체가 아닌가?

(2) 검토의견

1) 개인사업자 등록을 한 조합원의 경우 개인 컨설팅 매출액을 조합으로 귀속시킬 것인가 아니면 개인사업자로 귀속시킬 것인가?

- 일반적으로 개인/개인사업자, 법인사업자 모두 조합원이 될 수 있다. 우리 조합은 개인이나 개인사업자가 우리 조합의 소정의 정리수납 교육과정을 이수하고 조합가입신청을 한 경우에 조합원이 될 수 있다. (2018년 조합회원제도 신설)
- 개인 및 개인사업자 조합원은 개인 컨설팅 매출액을 조합에 귀속시킴으로써 개인의 경비 처리 및 세무(카드 및 현금 영수증 발급, 원천징수 등) 업무를 효과적으로 처리할 수 있다.
  ① 개인/개인사업자가 조합으로 매출액을 귀속시 : 현 조합 적립금 10% 납부
  ② 개인사업자의 매출액 귀속 방법 : 본인분(마케팅비, 팀장비)만 개인사업자로 귀속, 나머지 조합 귀속

2) 개인사업자인 조합원이 개인 컨설팅을 의뢰받아 조합원을 팀원으로 구성하여 컨설팅을 수행하는 경우에 조합의 내부규정에 따른 수수료 납부 의무가 발생하는가?
- 개인사업자로 등록한 조합원이 개인 컨설팅을 의뢰받아 ① 혼자 또는 개인사업자가 고용한 직원이 정리수납 서비스를 제공하는 경우와 ② 우리 조합원을 팀원으로 구성하는 경우 ③ 우리 조합원과 비조합원을 팀원으로 구성하는 경우를 예상할 수 있다.
- ①의 경우에는 개인사업자가 조합원의 지위를 유지하려는 경우 조합의 내부규정에 따라 정리수납 컨설팅 관련 조합 적립금을 납부하여야 한다.
  ②의 경우에도 정리수납 컨설팅 관련 조합 적립금을 납부하여야 한다. 이 경우 조합원으로 의무를 이행하지 않고자 하는 경우

'직업안정법'에 따른 '유료직업소개사업자'로 등록하여야 한다. 미 등록시 무허가 소개사업자가 되어 '직업안정법'에 따라 처벌(과태료 등)을 받게 된다.

③의 경우에는 반드시 '직업안정법'에 따라 '유료직업소개사업자'로 등록하여야 하며 미 등록시에는 과태료 등의 처벌을 받을 수 있다. (사업 규모가 영세한 경우 업무처리의 복잡성, 세금, 근로 관련 법률의 준수 의무 등으로 실익이 없음)

- 조합원(개인/개인사업자)으로서 컨설팅을 수주하는 경우 전체 컨설팅비의 조합 적립금 해당액을 조합으로 납부하여야 한다.
  ① 조합원은 조합의 인프라(조합의 브랜드, 조합의 정리수납 방법, 조합원 확보 양성 및 유지 관리 등)를 사용하는 대가로 조합 적립금을 납부하게 된다.
  ② 일반적으로 협동조합기본법에 따라 조합원은 소정의 절차에 따라 조합에 가입하게 되면 조합에 대한 권리와 의무가 발생한다. 우리 조합의 조합원의 경우에도 정관과 내부 규정에 따라 강의와 컨설팅의 조합 적립금을 납부할 의무가 있다.

3) 우리 조합의 경우 무허가 인력소개업체가 아닌가?

- 협동조합은 '협동조합기본법'에 의하여 설립된 법인(제4조제1항)으로, 재화 또는 용역의 구매·생산·판매·제공 등을 협동으로 영위하여 조합원의 권익을 향상하고 지역사회에 공헌하는 사업조직이다 (제2조제1호). 또한 협동조합은 조합원의 복리증진과 상부상조를 목적으로 조합원등의 경제적·사회적·문화적 수요에 부응하여야 한다(제5조).

- 조합의 조합원은 조합의 설립 목적에 동의하고 조합원으로서 의무를 다하고자 하는 자(제20조)로 조합가입신청과 출자금을 납부(제22조)함으로써 권리와 의무가 발생한다. 또한 조합원은 출자좌수에 관계없이 각각 1개의 의결권과 선거권을 가진다(제23조). 따라서 조합원은 조합의 주주이자 주인으로서 법적지위를 갖게 된다.
- 우리 조합이 조합원에 대하여 정리수납 컨설팅에 관한 정보를 제공하고(제7조), 그에 따라 조합원이 자발적인 참여의사로 컨설팅 서비스에 참여하는 것은 조합원의 권익과 상부상조를 목적으로 한 경제적 수요에 부응하는 것으로, '직업안정법'에서 근로자나 용역 제공자를 모집하여 제3자에게 소개하는 것을 업으로 하는 '유료직업소개사업자'로 등록할 의무를 부담하지 않는 것으로 판단된다.

03
이사회 설치 및 운영에 관한 사항(2018.3)

(1) 설치근거 : 조합정관 제42조 ~ 제48조

(2) 주요 고려사항
- 임원의 선임 및 인원수
  - 조합 임원은 조합가입후 2년이 경과한 조합원을 원칙으로 함
  - 조합 임원은 3명 이상 9명 이내(이사장 1명 포함)의 이사와 2명이내의 감사로 구성
  - 이사는 총회에서 조합원 중에서 선출
    * 반드시 등기이사일 필요는 없으며, 추가적인 금전적 부담을 강제하고 있지 않음
- 이사회의 구성 및 역할
  - 총회에서 선출된 이사로 구성하고, 이사장, 부이사장, 전무이사 및 상무이사 등은 이사회가 이사 중에서 호선
  - 임원의 임기는 4년, 연임가능, 이사장은 2연임 가능

- 이사회 운영 및 결의사항
  - 이사회는 분기별 1회 개최, 필요에 따라 임시 이사회를 개최
  - 이사회의 의결은 과반수의 출석과 출석이사 과반수의 찬성으로 의결한다.
  - 이사회의 의사에 관하여 의사의 경과와 그 결과를 기재한 의사록을 작성하고 참석 이사 전원이 기명 날인한다.

〈이사회 결의사항〉
1. 조합의 재산 및 업무집행에 관한 사항
2. 총회의 소집과 총회에 상정할 의안
3. 규정, 규칙 등의 제정과 변경 및 폐지
4. 사업계획 및 예산안 작성
5. 간부 직원의 임면 승인
6. 기본자산의 취득과 처분
7. 그 밖에 조합의 운영에 중요한 사항
8. 이사장이 부의하는 사항

- 운영위원회의 설치 및 운영
  - 이사회내에 운영위원회를 둘 수 있다.
  - 운영위원회는 조합의 이사와 근로자 대표를 포함하여 다양한 이해관계자들로 구성
  - 운영위원회에서 결정된 사항은 이사회결의사항을 제외하고는 이사회 의결을 거친 것으로 본다.

(3) 이사회 운영시 효과

- 업무집행을 위한 의사결정의 적시성 확보
- 업무집행을 위한 전문성 확보
- 이사에 의한 이사장과 상근이사의 업무집행의 감독

04
조합의 회원 운영관리 방안 (2018.2)

(1) 목 적
- 조합의 정리수납 컨설팅 수요 확대에 대비
- 조합의 안정적인 운영을 위한 정기적인 수입 확보
- 조합의 정리수납 컨설팅 잠재고객과 교육수요 개발

(2) 조합의 회원 구분

조합의 회원은 조합회원, 일반회원, 후원회원으로 구분된다. 조합의 교육 및 컨설팅사업에 참여하기 위해서는 조합회원에 가입하여야 한다.

구 분	회원의 정의	연회비
조합회원	조합의 오거나이저 1급 이상의 자격을 취득하고, 조합의 사업을 이용(정리수납 컨설팅 마케팅, 팀장, 팀원으로 참여)할 목적으로 조합회원 가입신청, 연회비 납부, 교육수료 후에 조합의 승인을 얻은 자	연 12만원
일반회원	조합의 오거나이저 2급, 1급, 오거나이저과정, MO과정, 특강 등의 교육과정을 이수하거나 카페회원 등으로 조합의 교육과정이나 행사에 참여할 목적으로 가입신청과 연회비납부 후에 조합의 승인을 얻은 자	연 1만원
후원회원	조합의 비전과 발전에 공감하고 조합의 발전을 위하여 재정적으로 후원하고 조합의 행사에 적극적으로 참여하기를 원하는 자	

(3) 조합회원의 강사 및 컨설팅 참여 조건
- 강사 활동 조건 : MO과정 졸업자
- 컨설팅 참여 조건
  - 오거나이저 전문인력 양성과정 이상 수료 필수

(4) 회원 가입 및 유지 절차

구 분	세부 진행 절차
가입시	가입 안내 → 가입신청 (가입신청서, 카페 등) 및 연회비 납부 → 자격여부 확인 → 가입 인정 여부 확정 및 통지 → 추가서류 작성 제출 → 회원으로 확정
갱신시	가입 갱신 안내 → 연회비 납부 → 납부 확인 통지

(5) 조합회원 관리방안
- 가입안내, 소식전달, 컨설팅 및 교육 안내, 회원리스트 관리
- 가입신청서 작성, 정보활용동의서, 회원에 대한 교육, 자격기준
- 특강 스케줄 (홍보, 강사섭외, 장소섭외, 예산)
- 연간 계획 수립 및 추진 (월별 구체적 내용, 장소 등)
- 조합 교육과 활동에 대한 안내 및 참여 안내

(6) 협동조합기본법과 조합 정관의 관련 조항

협동조합기본법 제46조에는 '조합원의 이용에 지장이 없는 범위에서 정관으로 정하는 바에 따라 조합원이 아닌 자에게 그 사업을 이용'하게 할 수 있으므로, 우리 조합의 경우에도 조합원이 아닌 일반 회원이 참여할 수 있다.

> **협동조합기본법 제46조**
> 제46조(사업의 이용) 협동조합은 대통령령으로 정하는 사업을 제외하고는 조합원의 이용에 지장이 없는 범위에서 정관으로 정하는 바에 따라 조합원이 아닌 자에게 그 사업을 이용하게 할 수 있다.

조합 정관 제24조제1항에 따라 조합원 및 조합의 사업을 이용하는 자(조합회원)에게 기본회비와 수수료를 부과 및 징수할 수 있다.

> **조합 정관 제24조(경비 및 사용료와 수수료)**
> ① 조합은 사업운영을 위하여 조합원 및 조합의 사업을 이용하는 자에게 다음 각 호의 경비 및 사용료와 수수료를 부과 및 징수할 수 있다.
>   1. 기본회비
>   2. 사회서비스를 제공한 목적으로 회원에게 징수하는 특별회비
>   3. 협동조합의 시설, 설비, 비품 등을 이용에 따른 사용료
>   4. 협동조합의 사업에 참여하거나 협동조합의 사업을 활용할 경우 수수료
> ② 제2항에 따른 경비 및 사용료와 수수료의 부과대상, 부과금액, 부과방법, 징수시기와 징수방법은 규약으로 정한다.
> ③ 조합원은 제1항에 따른 경비 및 사용료와 수수료를 납입할 때 조합에 대한 채권과 상계할 수 없다.
> ④ 제2항의 부과금에 있어서 조합원등에 대한 부과금액의 산정기준 사항에 변경이 있어도 이미 부과한 금액은 변경하지 못한다.

05
사회적기업에 대한 사회적 가치(SVI) 측정 사례

(1) 사회적가치 측정

"사회가치 측정은 사회적 목적을 우선적으로 추구하는 조직이 창출한 사회적·경제적 가치와 사회적 영향을 측정하는 과정"이다. 즉, "조직이 우선적으로 사회가치를 실현하기 위한 기제를 설정하고, 이를 조직 운영과 본질적인 사업 활동에 반영하며, 조직의 효율적인 인적·물적 자원 투입, 사회문제 해결을 위한 혁신적인 해결 방법 등"의 노력과 성과를 측정하는 것이다.

(2) 사회적 가치 지표(SVI)

고용노동부에서는 2017년 7월 한국사회적기업진흥원과 함께 사회적 가치 지표(SVI)를 개발하였으며, 향후 이 지표를 활용하여 사회적 가치가 우수한 기업에 대해 투자, 재정지원을 할 예정이다.

사회적 가치 지표(SVI)는 사회적 성과, 경제적 성과, 혁신 성과의 3가지 관점에 따라 14개 지표로 구성되어 있다.

관점	주요 측정내용
사회적 성과	조직이 사회적 가치를 실현하기 위해서 각종 기제를 설정하고 실행하고 있는지 여부를 측정 ⇒ 사회적 미션의 관리, 주사업활동의 사회적 가치, 사회적 경제 생태계 구축 노력, 이윤의 사회적 목적 재투자, 조직 운영의 민주성, 근로자 지향성
경제적 성과	조직이 효율적으로 인적·물적 자원을 투입하여 나타난 사업활동의 경제적인 결과를 측정 ⇒ 고용창출 및 재정성과, 노동성과 등
혁신성과	기업활동에서 제품 및 서비스의 혁신성이 제대로 발현되고 있는지 여부를 측정 ⇒ 기업활동의 혁신성

붙임		사회적 가치 지표(SVI)			

관점	범주	영역	측정지표	배점
사회적 가치 (60)	조직 미션 (10)	사회적 미션의 관리	1. 사회적 가치 추구 여부	5
			2. 사회적 성과 평가체계 구축	5
	사업 활동 (30)	주사업활동의 사회적 가치	3. 사업활동의 사회적 가치 지향성	10
		사회적 경제 생태계 구축 노력	4. 사회적 경제 조직간의 협력 수준	5
			5. 지역사회와의 협력 수준	5
		이윤의 사회목적 재투자	6. 이윤의 사회적 환원 노력도	10
	조직 운영 (20)	운영의 민주성	7. 참여적 의사결정 비율	5
		근로자 지향성	8. 근로자 임금수준	10
			9. 근로자 역량강화 노력	5
경제적 가치 (30)	재정 성과 (30)	고용창출 및 재정성과	10. 고용성과	10
			11. 매출성과	10
			12. 영업성과	5
		노동성과	13. 노동생산성	5
혁신 성과 (10)	기업 혁신 (10)	기업활동에서의 혁신성	14. 기업 운영 및 제품의 혁신성	10
계			14개 지표	100

(3) 송파구 사회적기업의 사회적 성과 측정을 위한 제출 사례

제출 보고서 양식

1. 기업 개요

기업명	한국정리수납협동조합	대표자명	김 민 주
주요사업분야	정리수납	조직형태	협동조합
설립년도	2013년 4월 22일	인증/지정년도	2016년 12월 14일
소재지	서울 송파구 문정로 246	전화번호	02-448-6828

1. 주요연혁(현재 기준)

주요연혁	- 2013. 4. 한국정리수납협동조합 설립 - 2014. 1. 민간자격증 고용노동부(한국직업능력개발원) 등록 - 2014. 5. 홈오거나이저스쿨 발족 / 오쿱브랜드 상표출원 - 2016.12. 서울시 예비사회적기업 지정 - 2016.12. 사랑의열매〈서울사회복지공동모금회 사회적 경제 협동화 지원사업〉선정 - 2017. 6. 송파구청 여성복지과 여성발전기금 공모 선정
특이사항 (수상내역 등)	- 지역사회의 취약계층과 경력단절여성을 위한 재취업교육 차원에서 정리수납과 청소 관련 교육과 컨설팅 제공

2. 기업현황

3대 주요사업	- 정리수납 컨설팅, 교육(정리수납, 오거나이저 양성) - 정리수납 오거나이저 자격 발급 (2급, 1급, Master과정) - 청소 대행 서비스	
매출 및 영업이익 (단위 : 천원)	구 분	비 고
	매출액	
	영업이익	
	당기순이익	
고용현황 (단위 : 명)	총근로자수	
	취약계층	
지원목적 (지원사업시)		

사회적 측정을 위한 아래의 보고서에 기재된 모든 사항은 사실과
다름없이 정확하게 작성되었다는 것을 확인합니다.

2017 년 9 월   일

대표자   김 민 주   (서명)

[부록] 동일 서비스 분야별 측정기준

측정지표	1. 사회적 가치 추구 여부
미션	• 정리수납 교육을 통한 생활의 인식 개선 • 전문교육과 컨설팅을 통한 정리수납오거나이저의 양성 • 경력단절 여성을 위한 일자리 창출 • 취약계층에 대한 정리수납 사회적 서비스 제공 • 정리수납과 컨설팅과 연계한 청소대행서비스 제공
비전	• 한국정리수납협동조합은 사람 중심의 사회적 경제에 초점을 두고 정리수납을 기본으로 일상행활의 환경을 개선하는 실천적인 전문기관이 되는 것이다.
추진전략	• 체계적이고 표준화된 정리수납 교육과정 및 기술 개발 • 정리수납오거나이지 양성과정 (2급, 1급, Master) 운영 • 사랑의 열매사업 등 취약계층 지원을 위한 정리수납 사회적 서비스 제공 확대 • 정리수납 컨설팅과 연계한 청소대행(홈클리닝 서비스) 확대
사회적 가치 명시자료 보유 여부	• 보유여부: 유(○) 무( ) • 문서명칭(정관 제2조)
증빙자료 목록	• 한국정리수납협동조합 정관 (공증) • 정리수납 오거나이저 민간자격증 등록 (한국직업능력개발원 제2014-0433호) • 서비스표등록증(특허청장, 등록41-0318982) • 한국정리수납협동조합 사업계획서 (송파구청 제출)

[부록] 동일 서비스 분야별 측정기준

측정지표		2. 사회적 성과 평가체계 구축	
판단기준	구축 여부	판단근거	
측정기준		• 취약계층 (정리수납) 교육(컨설팅) 비율 = 취약계층 교육 컨설팅(건수 / 전체 컨설팅 건수 • 추가 성과측정 지표 개발 예정	
담당인력		• 성과평가 관련 담당(기획실장) 업무로 명시됨	
평가보고서		• 연간 조합원 정기총회에서 성과평가결과 보고	
평가위원회		• 이사회(평가위원회)에서 평가 예정	
평가결과 사내 공유		• 연간 조합원 정기총회에서 평가결과 공유	

[부록] 동일 서비스 분야별 측정기준

| 측정지표 | 3. 사업활동의 사회적 가치 지향성 |

아래의 판단기준을 중심으로 참여기업에서 비계량적으로 서술
(A4 1장 내외)

1. 취약계층에 대한 사회적 서비스 제공
   - '사랑의 열매' 정리수납 컨설팅 건수 : 2017년 총 36건 예정
   - '사랑의 열매' 오거나이저 양성과정(2급, 1급) 운영 : 연간 2회
     (취약계층 주거환경개선 프로젝트 정리수납 교육)

2. 경력단절 여성을 위한 교육과정 운영
   - 송파구 지원사업 : 2017년 연간 2회 운영
   - 서울 경기지역 주민센터 등에서 지역 경력단절 여성을 위한 정리수납 오거나이저 2급, 1급 양성과정 운영

3. 경력단절 여성의 오거나이저 교육 이수 후 컨설팅 수행
   - 교육과정 이수 후 컨설팅 활동을 위한 조합 가입 및 활동
   - 조합원 90여명
   - 교육과정 이수 후 '사랑의 열매' 등 자원봉사 활동 수행

4. 조합원 수익 증대를 위한 노력
   - 조합 차원의 수익 창출 사업 추진 : 구청, 주민센터 등 경력단절 여성과 취약계층의 교육 및 컨설팅 사업 수주 후 조합원의 강사 및 컨설팅팀 참여를 통한 수익 분배
   - 조합원 차원의 수익 창출 사업 지원 : 고객 확보를 위한 마케팅 툴 및 활동 지원을 위한 교육 수행

〈판단기준〉

구분	판단기준
내부운영 (4점)	• (취약계층 고용) 취약계층 고용비중이 동일서비스 평균보다 높다.
	• (취약계층 임금) 취약계층 월평균임금이 동일서비스 평균보다 높다.
	• (고용의 질) 취약계층 차별금지 등 근로자 고용을 위한 질적 노력이 상대적으로 우수하다.
	• (근로자 보건 및 안전) 산업재해 발생건수가 없고 근로자의 보건 및 안전을 위한 질적 노력이 우수하다.
과정 (3점)	• (생산 판매 과정) 주 사업 영역의 제품/서비스를 생산·판매하는 과정에서 사회가치를 반영하고 있다.
결과 (3점)	• (제품의 사회가치) 주 사업 영역의 제품/서비스가 사회적 가치를 반영하고 있다.
	• (이용자 사회가치) 주 사업 영역의 제품/서비스가 이용자(수혜자)의 사회적 가치를 실현하고 있다.

[부록] 동일 서비스 분야별 측정기준

측정지표	4. 사회적 경제 조직간의 협력 수준	

협력기관	협력활동	횟수
송파구사회적경제지원센터	• 사회적경제기업 상생교류회 참여	월1회
자연공간, 샤인임팩트 등	• 사회 참여기관 사업추진 회의	주1회
	•	
	•	
	•	

측정지표	5. 지역사회와의 협력 수준	

협력기관	협력 활동	횟수
송파구청	• 취약계층 및 경력단절 여성의 일자리 창출 지원(여성발전기금)	연간 2회
송파구청사회경제지원센터	• 사랑의열매 주거환경개선 프로젝트 지원사업 3개 기관 공동수행 (정리수납 컨설팅 부문)	컨설팅 연간 40회
포천농협	• 정리수납 강좌(2급, 1급 과정)	연간 1회
성북구 평생학습관	• 인생이 빛나는 정리수납 강좌	연간 1회
판교종합사회복지관	• 정리수납 강좌(2급, 1급)	연간 1회
대전중구자원봉사센터	• 전문봉사자 정리수납 강좌	연간 1회
각 지역 문화센터	• 정리수납 강좌(마천, 십산 등)	수시
50+코리안	• 시니어 라이프 오가나이저 양성	분기 1회

측정지표	6. 이윤의 사회적 환원 노력도

아래의 판단기준을 중심으로 참여기업에서 비계량적으로 서술
(A4 1장 내외)

1. 수익의 활용
    - 취약계층 및 경력단절 여성을 위한 정리수납 교육을 위한 교육운영, 강사비, 실습팀장 컨설팅비 지원
    - 사랑의 열매 '주거환경개선 프로젝트'를 위한 정리수납 컨설팅 팀장 및 팀장의 활동비로 지원 (2017년 연인원 200명, 회차당 5명 참여)

2. 주사업 이외의 조직의 역량 활용
    - 취약계층을 위한 정리수납 사회적 서비스 제공 (월 2회 이상)
    - 오쿱 편 자원봉사단 참여

3. 이용자 대상 수익 환원
    - 조합원에 대한 수익 환원을 위하여 정리수납 강의 지원
      (강사료 지원)
    - 교육과정 운영시 실습강사로 참여기회 제공
      (소정의 교통비 및 교육지원비용 지원)
    - 컨설팅 수행시 팀장으로 참여기회 제공

[부록] 동일 서비스 분야별 측정기준

측정지표		9. 근로자 역량강화 노력		
교육		수혜자수 (A)	총 교육시간 (B)	1인당 교육시간 (C=B/A)
영역	교육과정명			
	정리수납 오거나이저 (2급, 1급)	1	20	20
	합계			

측정지표	10. 고용성과
총 유급근로자 (명)	3

| 측정지표 | 11. 매출성과 / 12. 영업성과 / 13. 노동성과 |

※ 위의 3개의 지표는 하나의 서식으로 작성

(단위 : 천원/명)

구분	(2016)년	비고
매출액(천원)(a)		11. 매출성과
영업이익(천원)		12. 영업성과
총 유급근로자(명)(b)		※ 재적조합원 90명
노동성과(천원)(a/b)		13. 노동성과

| 측정지표 | 14. 기업 운영 및 제품의 혁신성 |

아래의 판단기준을 중심으로 참여기업에서 비계량적으로 서술
(A4 1장 내외)

1. 기업운영과정의 혁신
   - 조합신설(2013.4.22.일) 이후 체계적인 발전을 위하여 서울시 예비 사회적기업으로 등록(지정번호 제2016-38호)
   - 조합의 목적사업을 정리수납 교육과 컨설팅과 시너지가 있는 청소대행(홈 클리닝)서비스를 추가함 (2017년 6월)
   - 조직운영 발전을 위하여 (예비)사회적기업 전문인력 지원사업에 선정되어 기획실장 1명(2017.8~2018.7월) 채용
   - 사회적기업 지원사업에 선정되어 홈페이지 리뉴얼 작업을 진행중에 있음 (2017년 9월중 오픈예정)

2. 제품·서비스 혁신
   - 정리수납 오거나이저 (1급, 2급, Master급) 민간자격증 등록
     : 한국직업능력개발원 제2014-0433호 (2014년)
     * 50+코리아의 시니어 라이프 오거나이저 (2급, 1급) 자격과 연계하여 운영
   - 상표(서비스표) 등록 : 제41-0318982호 (2015년)
     (출원번호 제41-2014-0019690)

3. 생산·판매과정의 혁신
   - 교육프로그램의 지속적 개선 진행중
     정리수납오거나이저 과정을 2급과정(초급), 1급과정(심화), Master과정(전문강사)으로 세분화하여 운영
   - 교육기관의 수요에 맞게 4주과정, 8주과정, 10주과정, 12주과정 등으로 2급과정과 1급과정을 통합하여 운영
   - 교육의 효과를 높이기 위하여 3주간 또는 4주간 옷장, 냉장고, 주방, 기타 수납공간 등에 대한 실습을 진행
   - 전문 강사로서 역량을 갖추도록 강의실습, 강의기법개발 등 참여형 과정으로 운영

4. 혁신 제품 출시 실적·노력
   - 서비스의 연계를 위하여 정리수납과 홈클리닝 서비스를 통합한 서비스상품을 개발 중에 있음
   - 정리수납 서비스의 경쟁력 강화를 위하여 견적서비스를 컨설팅 서비스와 통합하는 것을 시험중에 있음

〈판단기준〉

구분	판단기준
기업운영과정의 혁신	• 전반적인 조직운영 과정에서 혁신적인 방식 변경을 통한 혁신 유무
제품서비스 혁신	• 기존 시장에 제공되지 않는 혁신적인 제품이나 서비스를 공급한 내용의 유무 • 특허권, 상표권, 실용신안 등 혁신실적 보유
생산·판매과정의 혁신	• 제품 판매 및 서비스 제공 방식이 기존의 방식과 차별화 유무
혁신 제품 출시 실적·노력	• 기존의 사업영역이 아닌 혁신을 통해 새로운 시장에 진출한 실적과 노력(투자, 제도혁신, 전문 인력 확보 등)